前田義子の
強運に生きるワザ

小学館

前田義子の
強運に
生きるワザ

どうしてそんなに強運なんですか？

「どうしてそんなに強運なんですか？」

そう聞かれることがよくあります。いいようにいいように物事が進んでいくとき、人から見ると「あの人は運がいい」と映るのでしょうか。そして「運がいい」ことが続いていくと今度は、「あの人は強運の持ち主だ」と言われるようになります。

やっぱり運ってあると私も思います。だけど運はだれかにだけ寄ってくるわけじゃないんです。みんなに同じだけ、チャンスは来ます。だれかにだけいつもいい運が来て、だれかにだけいつも悪い運が来るんじゃなくて、いいものも悪いものもみんなに同じ量が来るんです。なのに違いがあるとしたら、運のいい人って悪いときの落ち込みがすごく浅いんですね。「今は運の悪いとき」だということを早めに自覚できて傷を浅くする切り替えがとても早い。そして、いいものはタイムリーにつかんで間違いなく2倍3倍に伸ばします。つまり、

「いい運が来たときにそれを倍増させて、運の悪いときは半減できる」

だから、人には「あの人は強運だ」と見えてくるのだと思います。

では、どうすればそういうふうにできるのかというと、

「整理整頓、清潔、身ぎれいにする」

この三拍子だと私は思っています。えっ、こんな簡単なことで本当に強運になれるの？　そう思われる人がほとんどだと思います。ここからが強運になるかどうかの分かれ道なんです。「こんな簡単なことで強運になれるのならやってみよう」と思うか、「こんな簡単なことで強運になれるのなら、世の中だれも苦労しない」と考えるか。何事もどう受け止めるかによって、運の行き先は違ってきます。強運は待つものではなくて、「なる」ものだからです。強運体質をつくればいいんです。

強運体質になるのはそんなに大変なことではないと私は思っています。まず、身ぎれいに整理整頓していると、いい運を見逃さなくなります。運が悪いときだって、間違いに気づくのが断然早い。身の回りが煩雑で、頭の中も煩雑で、いろんなものが煩雑になっていると、無くならなくていいものが無くなると思いませんか。必要なものが必要なときにがさがさ捜していたのでは、その間にチャンスは逃げてしまいます。自分が今何を持っているのかわからなくなって余分なものを買ってしまえば、お金も

時間もむだになります。私は現在、ニューヨークと東京に住んでいて、たとえば娘から電話がかかってきて「ママ、何々を捜しているんだけど」と言われると、東京のどこどこの部屋の何番目の引き出しの、前から何番目くらいにそれがあるとわかっているからすぐ答えられます。いつもそこが置き場所だから、そこになければそれは今無いものだから買うしかないと言い切れるのです。しかも、毎月のようにニューヨークと東京を往復していますから、スーツケースの荷物も年中つくらなくてはいけなくて、置いてある場所と物を把握していなければこれだけの移動はできません。仕事も同じで、いろいろなことが起きるなかで、いつも整理して考えないと絶対忘れたり間違いを犯したりします。チャンスをきちんとつかむには、即決できるように頭の中も部屋の中も整理整頓がすごく大事だと思います。

それに、運気ってスペースがないと入って来られないから、空けておく必要があるんです。収納のキャパシティは、頭の中も部屋の中も決まっています。いっぱい物があふれている状態では、新しい情報も運も入る余地がなくてつかみ損ねてしまう。だから、取っておく情報というのは余分なものをできるだけ減らす、物だったらどこかであきらめて捨てるということが大事なんです。とりあえず取っておくというのは無し。服も物もそうだし、人間関係でもなんでもそうです。とりあえずと思って取っておくことによって、どんどん煩雑になっていくのですから。しかも、実はすごく重要なスペースや時間を取られていることだってあると思います。キャパシティは決まっていて、時間はだれにも等しく一日24時間しかありません。新しい出会いや情報、いい運をつかむには時間のスペースだって必要なんです。

私が「強運」に見えるのは、運が悪かったことは人に話さないで、よかったことは3倍にして話すこともあるかもしれません。人は運のいい人のそばに行きたいものだと私は思います。運の悪い人のそばには行きたくないと思いませんか。運の悪い人はいつも文句とか愚痴を言っているから、聞いているだけでイヤになってしまうし、自分の運まで悪くなってしまいそう。逆に、運のいい人はポジティブな話をしてくれるから、そばにいると気持ちいいんですね。だから人が集まるし、情報も集まる。強運にはあやかれるのですから、自分を強運環境に置くことも大切だと思います。

待っていても運は来ないんです。運が来ているのに、運が来ていると気づかないから運が来ないんです。運が来ているのに知識がないために、それが運だとわからないんです。運っていきなり黄金の光を放って寄ってくるわけじゃありません。実は薄汚く見えるときもあって、でも知識があればそれはチャンスなんだと見抜くことができるんです。運というのは知識の中に存在している。私はそう思っています。じゃあ、知識って何？　と言ったら、「自分の知らないことは聞く」こと、興味を持つということです。「知りたい」という欲はいちばん大事な欲だと思います。何かあったときに「あ、そう」で終わる人と、一歩突っ込んで「どうして？」と言える人とでは、そこで経験が増える分、知識も増えて差がついていくからです。

情報が整理されて、運だと見極めることができてチャンスをつかんだら、次はつかんだものをどれだけ活かせるか。そう、強運って自分の過去の経験とか知識とかを総合して、つくり上げていくものなんです。「運がいい」以上の「強運」になれるかどうかというのは、「つかんだチャンスを2倍、3倍に膨らませられるか」だと思います。そのための瞬発力とか気力の集中はすごく重要です。瞬発力を持つためには気力が充実していなければならないし、体調が整っていなければできないものです。まして、チャンスは毎日の積み重ねのなかでいつ来るかわからないものだから、スタンバイしていることも必要です。だから、強運になる人は自然と「清潔」で「身ぎれい」になっていくものだと思います。

私はお風呂が大好きで、気力が落ちているときや飛行機で移動したあとはすぐ入ることにしています。昔から「清める」「水に流す」って言いますよね。水はよくないものを流してくれるんです。体のむくみとか疲れとか、よどんでいるものも流れて消える。

「いやなことは捨てる、水に流す、忘れる、通過する、溜めない」

これがいい運をつかむための私の気力の充実法です。強運だって、やって来れば次は抜けていくものなんです。だから、決して執着＝溜めないで通過したあと休憩するためにも運をつかんだときに膨らませることとです。そして、よくない運が来たときにこの発想で早く切り替えて傷を浅くする。まさしく強運になるコツだと思います。

私がこれまでうまくやってこられた「強運に生きるワザ」は特別なものではありません。ワザといっても漢字の「技」じゃなくて、カタカナの「ワザ」。いわゆる技巧やテクニックといった複雑そうなものというよりもっとシンプルな、そう、知っているとお得といった感じだと思います。これから、私が経験してきたこと、通ってきた道をお話しすることで、みなさんが少しでも強運体質になる「近道」ができると幸いです。

目次

本書は、前田義子さんの語りを文章にまとめたものです

文——恩田裕子
装幀——松田行正+澤地真由美
口絵写真——青木　淳（P33）
宮本敬文（P227）

強運のサクセス・ストーリー

「自分がこうなりたいと思っているのに、それに近づいていかないのは、努力の方向が違っているんじゃないかしら」

幸せ感のあるエレガントな服とトータルコーディネートで、多くの女性から高い支持を受ける『フォクシー』。そのオーナーでありデザイナーの前田義子《のりこ》さんは、張りのある、よく通る声でそう言った。

つまり、違う方向に向かって努力をしてもなんの意味もない。でも、正しい方向を向いて努力すれば絶対に報われる――それが、前田さんの信じる賢い努力なのだそうだ。

「まず自分をよく知ること。そして自分にうそをつかないこと。自分自身がいったいどのような生き方をしたいのか、目的意識を明確にする。自分の求めているゴールがわかれば、自分をクラスアップさせるためにもっともっと楽しんで努力することができるでしょう？

私にとっては、何よりもまず、自分自身がよい気分になれるかどうかが重要なんですね。そうなってはじめて、楽しく仕事ができ、しかも成功できるのだというのが私の信念。仕事が忙しかったり、うまくいかないときにこそ、自分の快適さにこだわるんです」

ご自身のつくる服だけでなく、そのキャラクターにもファンが多い前田さんだが、そのサクセス・ストーリーは、意外と知られていない。

「学校を卒業するときに、〝私は組織には属せないな〟と思ったわけです。だって、違うところは違うと言いたいのに、それが上司だから言ってはいけないと言われたら、私の場合、自分が快適ではないわけで、なんのために仕事をしているのかと思ってしまうから。そうすると、やっぱり自分で会社をつくるしかない。どこかにお勤めしようとは、考えたことがなかったですね」

武蔵野美術短大を卒業後、桑沢デザイン研究所を経て、グラフィックデザインのオフィスを、前田さんはひとりで始める。営業からデザインまで、すべてひとりで頑張り、経営も順調だった。そして、23歳で結婚。相手は中学3年のときから交際していた1歳年上のボーイフレンド、前田進氏。アメリカに留学していたご主人が日本に戻り、24歳で一緒に設立したのが、毛皮店『フォクシー』だった。

「当時、日本で売っている毛皮って、安く売られるためにつくられた安い毛皮が多かったんです。でも、それは全然光っていない。コストを第一に考えてつくられたものって、やっぱり光っていないんです。媚《こ》びているのね。私は毛皮とかゴージャスなものが好きなのですが、安く売るためにつくられた安い毛皮は欲しくない。だけど、お金もないわけです。

で、どうしたかというと、新婚旅行先のサンフランシスコで偶然見つけた、セカンドハンド・ユーズド・ファー、つまり中古の毛皮を手に入れたんです。これが、横段使いのフルレングスで毛足も長く、デザイナーものだから前にきれいなボタンがついていて、しかも安い。当時まだ1ドル280円くらいだったかしら、それで400ドル。それを交渉して350ドルにまけてもらって、買ったの。10万円くらいでしょ。これを日本に帰って着ていたら、大評判でした。

それが頭の中にあったんですね。絶対にビジネスになるという話になって」

ここまでの発想だけなら、驚かない。前田さんのすごいところは、その行動力だった。

「アメリカの毛皮を輸入するんだから、アメリカ大使館だ、と思って電話でいきなりアポイントを取ったんです、紹介者もなしに。そして、アメリカ人の女性商務官の方に力説したわけです。日米貿易摩擦の改善に、私のビッグビジネスは絶対貢献するって（笑い）」

見事、アメリカ毛皮工業会への紹介状とビジネスビザを手に入れることに成功。毛皮のプロをひとり雇い、前田夫妻はニューヨークへ仕入れに旅立った。ここから、今日《こんにち》の『フォクシー』への華やかな道が続いているわけだ。その女性商務官の名前が感謝とともに刻まれたプレートは、今もフォクシー青山店の入り口右手に飾られている。

「フォクシーというのは、アメリカ西部の学生のスラングで『インテリジェンス＋セクシー』という意味なんです。〝きつね〟のようだけど関係ないのよ（笑い）。正しいスペルはＦＯＸＹなんですが、４文字の単語は私が嫌いだから〝Ｅ〟を入れて５文字にしました。いい《E》女のＦＯＸＥＹね、と言って。いい女を目ざさないと、と思っていましたから」

「華やかでゴージャスであること」、そして「自分で生きていく力があること」。この両方を兼ね備える〝いい女〟を目ざす上で、海外の厳しいビジネスの場は、とてもよい訓練になったという。パリ、ミラノ、フィレンツェ、そしてニューヨーク。洗練された大人の女性があふれる都市で、20代のときから世界中の情報と一流のものに刺激を受けて磨かれる。自らの手で成功するためには、第一印象をどう与えるかから始まって、外見の大切さを思い知る。

ここから得たものは、すべて『フォクシー』の服づくりにつながっていく。

「だけど、服で人をおどす必要はないのです。自分にとってよりよい効果をもたらし、人が見たときにも気持ちのいいイメージを与えられるようなもの、社会の中におけるひとつの潤滑剤のようなもの。服はそうであるべきなんです。

役に立たない服なんかいらないもの。自分に自信がもてたり、人がほめてくれることが役に立つ場合もあるでしょう。やせて見えるとか、背が高く見えるとか。そういうことも含めて全部役に立っているんですね。

私は服をつくるときに、その人の生活をフォローアップしたい、完成度の高い位置で成功するための手助けをする服をつくりたいと思っているんです。それは、もちろん自分のための服でもあるわけなのですから」

'93年より、前田さんは生活の拠点をニューヨークに移している。

「アメリカ——特にニューヨークは、大人の街だから、人との距離感をとるのがすごくうまいんです。たとえば会話の中で、『それは聞かれたくない』と言えば、『OK』で済んでしまう。もちろん逆も、はっきりと言われます。それと、日本以上に『NO』と言いやすいですね。言い訳をしなくていいし。何かに誘われて断りたければ、自分の気持ちを素直に説明すればいいんです。日本ではそういう場合、遠回しに言わないとひんしゅくを買いますよね。たとえば『熱がある』とか『おなかが痛いから』とか体の不調を理由にしたり。『疲れたから行きたくないの、ごめんなさい』とは言いにくいと思います。きっと、誘う側が過当な期待や見返りを無意識のうちに求めていて、そのプレッシャーがあるからかもしれません。そのくせ、土足で気持ちにズカズカと入ってきたり、人との距離感をとるのが下手なんです。変に近づきすぎたり、離れすぎたりすると思います。

アメリカのいいところは、上手に距離感をとりながら、頼りにするとすごく助けてくれることです。ボランティアという精神が強く根づいているのを日常的に感じます。それは、私にとって、とても気持ちのいいことなんです」

前田さんご自身も、とてもめんどう見のいい女性だということをよく耳にする。『フォクシー』の社員に限らず、幅広い交流関係の中で、相談を受けたら最後まできっちりとつきあう。女子高校生から悩めるアーティスト、年季の入った職人まで、前田さんの明快な話と熱血漢ぶりに魅了される人は後を絶たない。

いつも華やかできれいにしているし、リボンやレース、花など女らしいものも大好きだが、一面、非常に男性的なのかもしれない。ある意味では、太刀《たち》打《う》ちできる男性すらなかなかいない〝ハンサム・ウーマン〟とも言える。それは、世の中の一般常識に束縛されることなく、自分がいいと思えば利害や損失を度外視してやるパワーをもっていることからもわかる。

前田さんの服づくりの特徴は、今までの日本の洋服づくりの歴史の中で「こういうものだ」とされてきた常識をくつがえしてきたことにあると評価されている。

とてもリアルな服づくり。まず、ポケットを大きくする。ポケットというのは、女性にとって絶対に必要なものと考えたのだ。

たとえば、旅の機内。トイレへ行くとき、ポーチを持って歩くのは、どこか優雅ではない。まして生理用品などが入っていれば、気分的にもなおさらだ。そこで大きいポケットがあれば、口紅1本と生理用品をひとつ入れて、スッと席を立つことができる。

それから裏地の問題。どんなにいい洋服でも、裏地にはたいていペラペラの安っぽいものを使っていることが多い。ところが、裏地は見えないから安いものでいいという考え方は、絶対にがまんできない、と前田さんは言う。スカートが風で揺れたとき、車の乗り降りのときなどに、いくらいい服を着ていても、安い裏地が見えたのでは興ざめだと考えているわけだ。

服の形がくずれるから、ポケットをつけるのをいやがるのがデザイナーの一般的な常識。でも、着る人間が心地よく快適に過ごせたほうがいいのだから、ポケットをつけても形がくずれないような服をつくればいい。コストの採算が合わなくても、納得のいく裏地でいつも気分よくいたい。「ここは譲れない」と思ったら、リスクを負ってもやる——そういうやり方を今日まで徹底してきた、と言う。前田さんは、常に自分の規範の中で判断し、生きてきたのだ。

「小学生のときに、はたと気づいたのですが、『うさぎとかめ』という昔話は、すごくかめが頑張って、かめが善者のようなことになっているでしょ？　どうして大人はみんな、うさぎのことを悪く言うのかしらって不思議でした。だって、私はかめが嫌いだった。たまたま、うさぎが寝てくれたから、人の失敗に乗じて勝っただけのことではないですか。そんな人の失敗を待っているくらいなら、私はうさぎがいい。それも、どんどん走っていって、たとえひと寝入りしても、かめが来る前に目を覚まして、一歩先にゴールに入る（笑い）。そういうのが好きだと思ったのです。

レース中、延々と速い必要はないんです。一日でも一瞬でも早く着けば勝ちなんですから、私は一瞬の勝ちでもいいと思うんです。

だけど、もし、私がかめに生まれたとしたら？　そのときは、うさぎと比べて体力的にハンディキャップがある分、頭を使って、ローラースケートを履いたかめになりたい！」

「私は、子供のときからこまっしゃくれていて」と笑う前田さんだが、常識にとらわれない発想は、このころから健在だったようだ。

これだけ明快なキャラクターは、どのような少女時代を経て、築かれたのだろう。

「中学、高校は、横浜の私立の女子校でした。校則がすごく厳しいミッションスクールだったので、私にとっては監獄のような場所だと思ってましたね（笑い）。そう、規則や決められたレールの上に乗ることがいやでした。だから、早く大人になりたかった。小さいころから、ずーっと。とにかく自分の力で生きているということを実感したかったのです。

そして、いつもいろんなことを考えていましたね。それこそ寝ているときも（笑い）。私は今でもそうなんですが、ベッドの横に必ずメモ帳とペンを置いているんです。寝ながら思いついたことや考えたことを、いきなり起きてメモをして、また寝てしまうことがあるから（笑い）。メモ魔なんです。

しかも、同時に3つのことくらいはできる。食事のときに『ご飯を食べながら！』ってよく親に怒られましたね。でも、〝なんでみんな、ご飯だけに専念できるの？〟と思っているわけです」

実に、多感な少女像が浮かんでくる。

もちろん、おしゃれやきれいなものが好き、というおしゃまな審美眼も頭をフルに使って磨いていたに違いない。そのころの夢やあこがれは、いったいなんだったのかとても興味深い。

「私はだれかにあこがれたり尊敬したりするタイプではありません。10代のときにいちばん考えていたのは〝死〟についてでした。

死について書かれた本は、それこそ土門拳《どもんけん》からショーペンハウエルまで読んだし、三島由紀夫の割腹自殺にはすごく影響を受けているかもしれません。あの出来事は、私にとって、けっこう目の前が開けたと感じるところがあったのです。

私の人生哲学は、そこから始まりました。

つまり、生まれるときは自分の力ではないし、何か、神さまの力のようなものを感じるけれど、少なくとも死ぬときは自分で決められると思っているんです。自殺という形でね。

それが、三島の一件ではっきりしたというのかしら。でも、私の場合、あくまでも前向きなわけです。『死ぬことは、なんてあっけないことだろう』『じゃあ、いやだったら死ぬことも選べるのね』と思うと、『これは死ぬほどのことかしら？』という考え方も出てくるんです。

死ぬほどのことでないのなら、悩むだけ時間のむだだと思って、悩むのをやめる。

だから、私は悩んだり落ち込んだりしないんです。悩んでも10分くらいのことじゃないかしら。だって、べつに死ぬほどのことではないのだから、だったら明るく、素直に前向きになってやってみるほうがいい。なんでも、常に自分で選択できるのです。自分が人生のすべてを選ぶのだという強い気概をもてば、こわいものはない。失うものは本当に何もないと思うのです」

20代から、オーナーデザイナーとして、社員を指揮する立場にいた前田さんだが、女性が仕事をする上で必要なことはなんだと考えているのだろう。

「私は、あいまいなことが大嫌いなんです。ファジーなんて考えられない。今自分がどこにいて、何をしていて、サインした書類がなんだったのかということも全部わかっていないと納得できないんです。これは、ビジネスにおいて成功するために大切なことだと思います。あいまいにしておくからトラブルが起こるんです。トラブルが起きたときに『聞いていませんでした』は言い訳になりません。

別に白黒決着をつけて責めたてるわけではなくて、まず自分のすべきことを確認するところから始めなければ、また同じミスを繰り返すことになります。それは、だれにとってもプラスになりませんよね。

そして、それをクリアにするには、きちんと言葉にして言うことです。わからなければ聞けば済むことなんですから。

あるいは、何も言わずに『わかってください』ではなくて、言葉で私にわからせようとしなさい、でないとわからない、というのもスタッフによく言います。相手に理解されていないと思ったら、いろんな言葉を駆使して説得する義務があるわけです、ビジネスでは特に。

だから、私はすごくおしゃべりですね(笑い)。わからないことがあったら、どうして? なんで? とずーっと質問してますから」

必要なことは、とてもシンプルだ。それだけに、つい怠りがちなことでもある。キャリアを積むことと慣れることをはき違えてはいけないとつくづく思う。

「私、お福《ふく》分けが好きなんです。私が手に入れたものを、分けてあげたい、教えてあげたいという気持ちが強いんでしょうね。別に、上から傲慢《ごうまん》に教えたいというわけではなくて、私は、手間をかけてここまできたけれど、次の人には答えをあげるから、そこからスタートすればいいと思うんです。

そして、何より大切なことは、なんのために自分が働いているのかということを、一度突き詰めてほしいと思います。お金のためだけだったら、悲しいことですよね。やっぱり、そこで何かを見いだしてほしい。生きる自信をもってほしいし、そういう人が力強く生きていけるのだと思います。

そのためには、なんでもいいから、とにかく自分の本当に好きなことを見つけるべきですね。その好きなことを突き詰めて、それでご飯を食べていけたら、そんなに幸せなことはないし。一流の会社に勤めるのはいいけれど、その会社で何をするのでしょう？　所属していることに満足するだけなんて、さみしいことだと思います」

こうして前田さんの話を伺っていると、圧倒されながらも、どんどん元気になっていくことに気づく。その理由は、簡単。前田さんが、すべてのことを楽しんでいるのが伝わるからだ。

たとえば「超」のつく整理魔で、掃除が得意。家中、ピカピカにするのが好きだという。でも、仕事と家庭の両立といった一般論や義務感からではない。ピカピカに整理整頓することを本質的に楽しんでいるだけで、自分の気持ちよさに基づいてやっているわけだ。

とにかく心地よく快適に、気分よく暮らすことに意欲を燃やす——すべてがそこに集約される。仕事をするのもそのひとつ、服をつくっていくこともそのひとつ。彼女の人生すべてが、快適さの追求、心地よく気持ちよく生活するという信念をベースにしている。

だから、常に自分に、そして自分のやっていることに満足していると言う。現状の中で先を見据《みす》えて頑張ることも含めて、満ち足りた人生を送りたいという気持ちで生きている人なのだ。

「そうですね、今のところ、2年先までは目ざすゴールが見えていますからね。それを先に口にしてしまうんです。そのとおりに実現させないと『うそつき』と言われるでしょ。楽しみながら、無理やりにでもそうさせてしまう(笑い)。そう、かなり有言実行タイプです。

それと、私の元気の源は、やっぱり早寝早起きかしら。早寝早起き、三文《もん》の得。夜は嫌いなんです。悪い人が出てくるから、というのが持論ですね(笑い)。ニューヨークの生活も、日本からの報告や連絡の都合もあるけど朝4時には起きて、ときには昼寝をして(笑い)夜9時には寝てしまう。たまに夜更しすることがあっても、やっぱり朝早く目が覚めるんです。私は、人間が生きていく上で、精神が健康かどうか、前向きに生きる意志があるかどうかはとても重要なことだと思っています。そのためには、朝日を浴びることが最も大事だから早起きなんです。

朝日のエネルギーって、すごく重要なんですよ。朝日を見ながら、自暴自棄《じぼうじき》になる人っていないでしょ。だから、夜は絶対に悩まないこと。悩むんだったら、朝起きてから悩むことをおすすめします。案外、馬鹿ばかしい気がすることがとても多いと思います。

私は本当に、すべてのことを楽しんでしまう性格ですね。トラブルだって大好きなんです。トラブルに巻き込まれて、そこから解決策を見つけるのがすごく楽しい。窮地に追い込まれれば追い込まれるほど燃えるタイプです。

だって、私が自分で責任を取れるわけですよね、人まかせでなく。そう思っていると、怖いものなんてなくなるんですよ。人まかせのほうがよっぽど怖いわ（笑い）」

ところが、順風満帆《じゅんぷうまんぱん》、挫折《ざせつ》知らずの前田さんが唯一、ためらったことがある。それは、出産だ。33歳、女の厄年《やくどし》で産んだひとり娘のお嬢さんは、立ち居振る舞いから話し方まで、ママにそっくりと評判なのだが——。

「ずっと、子供を産むのをちゅうちょしていたのは、神さまから簡単に与えられなかったこともありますが、やっぱり、しがらみができるのを避けたかったからだと思います。『この子がケガをしたら』とか『何かあったら』とか、それに後ろ髪を引かれるのがいやでした。

でも実際に産んでみたら、心配なんだけれど、自分のものではないんですよね。当然だけど、ひとつの人格なんだな、と実感した。人間の成長にかかわれるというのはすごく楽しいですね。もちろん束縛もあるけれど、子供によって仕事のストレスが解消されることもありますから。

昔は、胸を張って『いちばん大事なのは自分』と言えたけれど、今は、娘と同じくらいのバランスなんです。そして、子供が生まれて、ますます世の中の輪廻《りんね》とかつながりを意識するようになりました。子供にまつわる苦労をするかしないかは、全部神さまが決めていること。以前、流産して産めなかったときは、『そういう苦労はしなくていい』と神さまが私に言っているんだわ、と思いましたから」

「自分が子供のころ、大人の話に首を突っ込んでは『子供のくせに』と怒られたので、娘には、大いに口を出させています」というのも前田さんらしい。

長いインタビューの最後は、ゲームのつもりで、心理テストに答えていただいた。

『あなたはノアの方舟に、サル、トラ、ヒツジ、クジャク、ウマの5頭の動物を乗せていました。ところが、途中で1頭ずつ方舟から降ろして進んでいかなくてはなりません。どんな順番で降ろしていきますか』

前田さんの答えは、クジャク、トラ、ヒツジ、サル、ウマの順だった。

この5頭の動物はそれぞれ象徴するものがある。クジャク＝お金、トラ＝プライド、ヒツジ＝愛、サル＝子供、ウマ＝仕事だ。

つまり、前田さんが手放せない、大切に思っているものは、仕事、子供、愛、プライド、お金の順ということになる。

ウマを最後まで残した理由として、

「午年《うま》生まれのせいもあり、馬好き、また、方舟から降りた際も足代わりになり、肉もいざというときに食せるので、すべての面で役立つ動物。中国では運のよい動物とされている」

と回答用紙に書かれてあった。この答えの中に、前田さんの性格がきちんと詰まっていて興味深い。

「今のままずっといけると思うな、結婚したら苦労するって、子供のときから、みんなにさんざん言われていました。だけど、今日までけっこう、うまくいってる（笑い）。最低でも人生半分は、嫌いなことはしないでこられたわけだし、これから何があっても平気。『まぁ、いいか。今までよかったんだから』と思えますから。それが続けば、オマケみたいでうれしいですよね」

FOXEY

銀座6丁目、みゆき通り沿いにあるフォクシー銀座本店前にて。

帽子、ファー、サングラスは前田さんをエレガントかつパワフルに見せる定番アイテム。

「そうは言っても」とあきらめない

「そうは言っても現実はね」「そうは言ってもなかなか、そう、うまくは行かないんですよ」――だれと話をしていても、本当によく「そうは言っても」という言葉を耳にします。でもこれは私には、どうも理解しづらいフレーズなんです。そうなら「そう」、そうじゃないなら「そうじゃない」でいいと思いませんか。なんで「そうは言っても」と言ってしまうのでしょう。

ニューヨークで暮らしていると、アメリカ人に「そうは言っても」と言われることはすごく少ないと思います。なぜなら、みんなが「そうは言っちゃう」から、「そう」か「そうじゃない」かのどちらかなんです。「社会がそうだから仕方ない」という考え方をしている人が少ないのかもしれません。だから、「そうは言っても」というふうにはならないのだと思います。

日本の社会では「世の中、そうは行かない」と、自分の中ではなくて世の中＝社会の常識で判断することがものすごく多いのです。しかも、「そのとおりできれば、だれだって楽だ」と続きます。では、やる努力でもしてみればいいと思うのですが、努力をしているわけでもなさそうです。「そうは言っても」と、何もしないであきらめているのではないでしょうか。やってみて答えが出てダメだったのではなくて、やってみないで、やる前に予測して無理だと決めつけていることがすごく多いと私は思います。

では、世の中の常識っていったいなんでしょうか。常識は絶対的なものではありません。日本の常識が世界の非常識に成りうるように、戦前と戦後では180度常識が変化したように、時代背景と状況に応じて変わっていくものが常識なんです。そんな不確かで、答えがひとつではないものを基準に判断することは、賢明ではないと思いませんか。

既成概念と机上の空論ばかりで、具体的な努力を自己規制する人は、以前は、キャリアを積んだ人に多かったように思います。でも、最近は20代、下手をすると10代でも、先にあきらめてしまう人が増えているのではないでしょうか。「失敗したらかっこ悪い」「常識を知らないと思われたら恥ずかしい」——そういう気持ちが先にあるから傷つきたくなくてあきらめてしまうのかもしれません。恥ずかしいことなんてないんです。本当に自分がやりたいこと、何にも増して好きなことなら、人がどう思おうとたいした問題ではありません。

現に、私は今まで「そうは言っても」はいっさい無しでやってきたけれど、別にひどい目には遭っていないから大丈夫。それより、あきらめてしまうことのほうがせっかくの運を、チャンスを自ら手放すようなものです。

成功するチャンスというのは、確かに昔と比べて少なくなっているかもしれません。だけど、たとえばバブルの時代のようにだれもが成功したり、いい思いができるときよりも、経済的にも社会的にも恐慌を迎えるような今の時代のほうが、かえってビッグチャンスはつかみやすいと私は思います。システムや価値観が煩雑化しすぎて、あたりまえで本当に普通のことが案外見落とされていたりするからです。しかも周りが最初から「そうは言っても」とあきらめているわけですから、その分ライバルだって少ないわけです。

こういう時代感覚をつかむためには、直感が大事だと私は思っています。直感って根拠のないものと思われがちですが、実は判断なんです。そして、情報がないと判断はできません。自分が何を望んでいるのか、目的をきちんと知ったうえで、情報を集める。その情報を確認して、事実を積み重ねていく。しかも、そのときどきでの時代感覚を失わないように、ちゃんとバランスを取っていかないと判断を間違えると思います。その人の直感があてになるか、ならないかというのはこうした訓練しだいです。直感とは磨かれていくものなんです。強運体質になるために、自分の直感をもう一度見直してみることをおすすめします。

情報というのは人に会うことも必要だけど、静かな情報として本をいっぱい読むということもすごく大事だと私は思います。たとえば、本屋の店先で平積みにされて売れている本をばーっと見ただけで、世の中が今何を求めているかがわかるからです。今世の中は恋愛気分なのねとか、占い気分なのねとか、出ている本の題材を見ているとわかると思いませんか。一時、『平気でうそをつく人たち』とか『他人をほめる人、けなす人』とか、「人」のつくタイトルがすごく多かったときは、みんなが「人」を知りたいし、人に対しての哲学を知りたかったのではないかと思います。

そういった情報を集めたら、自分の社会観とか価値観の微調整を常にしていくことが大事です。時代が変わっていることにも、自分のずれた価値観にも気づかずに欲求ばかり通し続けていると、すべてを失うような大きな落とし穴が待っていることもあるからです。微調整さえしておけば、もっと小さなアクシデントで済むことが、そこまでおおごとになってしまうのです。帳尻ってどこかで必ず合うようにできていると私は思います。自分も変われば、時代も変わる。変わって当然なんだから、その接点、接点で微調整をしながら折り合いをつけていくことが必要なんだと思います。特に、変わってきているのは女性で、男性は実はずっと変わっていないような気がします。女性がどんどん変わっているから引っぱられるように男性が変わってきているのではないでしょうか。世論とか世の中の動きというのは女性の変化の賜なんだと思います。女性が動かしていく、そんな時代感覚もキャッチしておきたいと私は思います。

与えられた条件下でベストを尽くす

社会に出て伸びていく人は、自分が何が好きで、何が向いているかを知っている人だと私は思います。社会というのは平均点でいい点を取れても、実はダメなんです。特に組織が大きくなればなるほど、「なんでもできる人」はいらなくなって、スペシャリストが必要になってきます。それは特別な資格ということではなく、たとえば「私はとにかく愛想がいい」とか「謝り方はとてもうまい」とか「これだけは大好きで一日中やっていられる」——そういうものを持っている人のこと。そういう人がいちばん強いと思うのです。

だから近ごろ、とても強く感じることがあります。それは多分、日本の教育に問題があると思うのですが、受験を筆頭にいい学校、いい点数、いい成績を目ざすために、今の人たちが何を教えられ、何をやってきたかというと「効率のいい」勉強なんですね。どういう意味かというと「限られた時間内に効率よく点を取る」ための勉強で、

「効率よく点を取る」ためには、わからないことは後に回して、わかるものから優先的に点を取っていくんです。このやり方が身についてしまうと、イヤなことはしない、面倒なことは後回し、楽なことから点数を稼ごうとするようになる。しかも、興味のあることが「効率のよくない」ことならあきらめてしまったり、本当に好きなことを知る機会を持たないまま来てしまうのです。

この考え方を社会に出ても続けようとする、つまり、自分が楽だと思う仕事から先にやって、面倒なことは後回しにしてしまうと、それは正反対なんです。仕事というのは、イヤなことからこなしていかなければいけません。面倒なことから片づけていかないといけない。なぜなら、楽なことは放っておいても回るものだからです。

子供のころから勉強してきた処理判断と、社会に出てからしなくてはならない処理の仕方では、まったく逆の思考をしなければなりません。これが今の人たちはとても苦手なのだと私は思います。ケンカをしない、闘わない、もめ事を起こさない。だから、お客さまや取引先に怒られたなんてことを報告したくない。報告すれば上司に怒られるから、トラブルを隠そうとする。これでは何も解決できず、本当に悪循環だと思います。

社会では、上のポジションに行けば行くほど、その仕事は、「トラブルを解決すること」と言ってもいいと私は思います。仕事がうまくいっていれば報告がなくても問題はありません。ところが、売り上げが落ちたとか、取引先とトラブルがあったとか、お客さまを怒らせたとか、そういう問題が起きたとき、それを解決するのが重要な仕事なんです。もめ事を解決したり、緊急事態に対応することは、不条理なことに頭を下げるだけでなく、相手をこちらの有利な方向に納得させる上級テクニックさえ必要とします。

また、自分がどれだけのキャパシティか理解していない人も今は多いのではないでしょうか。楽なことばかりを優先するけれど、性質的には真面目でがんばってしまうから、なんでも抱え込んでしまう。しかも「できない」と判断することに抵抗を感じて、「今はこれだけの仕事を担当していて、自分の能力としては目一杯です。迷惑をかけることになると思いますのでできません」と上司に言うことができない。でも、だれでも自分の能力の範囲ってありますよね。1日は24時間しかなく、限られた時間で終えるには、ひとりではなくふたり、ふたりで無理なら3人で、というだけのことなんです。それは能力がないからできないのではなく、単にキャパシティを超えているだけのこと。だから、そのことで傷つく必要はありませんし、大切なのは「できない」と言える信頼関係を上司と築くことだと思います。

「与えられた条件下でベストを尽くす」――時間もトラブルもキャパシティも、すべてはこの精神が成功の糸口になると私は思います。与えられた条件を不満に感じるだけでは何も生まれません。自分がどれだけ納得しているか、いいことも悪いこともどうとらえることができるか。そのときは最悪だと思うようなことでも、後で考えればラッキーの引き金になっていた――そんな考え方ができるように、悪いときこそくさらずに、自分と向き合うことです。電車に乗り遅れることもあるし、希望の就職ができないことだってあります。でも、できなかったことが、実は自分にとっていいことだったかもしれない。その瞬間はそう思えなくても、後になってそう思えればいいんです。

もちろん、私にだってそんなことはしょっちゅうあります。たとえば、カタログの撮影をしていてモデルの態度がとても悪かったから、そのモデルはキャンセルをして帰す判断をしました。本当はふたりのモデルで撮影する予定だったから、ほかのスタッフは「このモデルはいやだけど、帰してしまうと写真が成り立たないからがまんして使おう」と思っていたんです。でも、撮影は表情が出るし、そういういやな気分が写ってしまうのが写真です。そんな気分は写ってほしくないから、私は帰すと決めました。みんなは「モデルひとりじゃもたない」と顔面蒼白です。そのとき私は言いました。「いいじゃない、寝そべっちゃえば」と。モデルを寝そべらせた構図で撮影したらすごく新鮮で、その結果、評判を呼び逆転満塁ホームランになりました。さも、最初から計画していたかのように思われているけど、実は「ひょうたんからコマ」だったんです。悪いことがあるから、それをいいほうにひっくり返せるんです。いいことばかりでは、さらにいいことにもっていくのはすごく大変だと思いませんか。

与えられた条件や状況下でベストを尽くすことは意地になることとは違います。もっと気持ちにゆとりをもって、自分が納得できる対処をすることが大事だと思います。それが自信となって精神力を磨き、強運に生きることにつながっていくのだと私は思います。

強運になるには覚悟があればいい

運がいい人と悪い人。世の中には間違いなく、ふたつのタイプの人がいると思います。「運は自分で呼び込むもの」と私は思うのですが、「運のいい人」の中にはさらに「強運な人」というのが必ずいます。基本的に、生きていれば運の悪いことだってあるんです。でも、強運な人はそれをあえて口にしない。そうすると人は、「あの人は強運だ」と言いだすものなんです。しかも本当に運が舞い込んでくる。

「運の悪い人」は、「自分ばかりがついていない」と不平不満を口にすることが多いと思います。そんな運の悪い人のそばにはみんなが行きたがらないものですし、結果、情報も集まってこなくなって、ネットワークが減っていく。決めたことがいい方向に進むのは運がいいということだけれど、物事を決めるためには必ず情報が必要で、実は、運のいい人には必ず情報も集まっているんです。

だから、強運であるためには十分な情報収集をし、自分が本当にやりたいことをやる。情報も集めないで、「こうしたい」という気持ちだけで右往左往していたのでは、運をつかむどころか適切な判断はできません。強運は自分と同じ仲間からはやって来ないものだと私は思います。だから、同年代や同じレベルの人とだけ遊んでいてはだめ。強運につながる情報網を持つには、どれだけ尊敬できる大人に出会えるかがカギなんです。年上の人から学ぶことってやっぱり多いもの。少なくとも自分より先に歩いているのだから、答えを何か持っているのだと思います。もちろん反面教師であることも含めてですが。人生の先輩から吸収するものってすごく多いから、チャンスをつかむための適切な情報をもらえたりするんです。それは確実に強運をつかむ近道になっていると、私自身を振り返ってみても思います。

運と人間関係は案外と密接なんです。気持ちが惹かれ合う人と仕事をするとすごくいい方向に進むし、予想以上の結果を生むことだってありますよね。たとえミスがあっても、互いに惹かれ合っているからポジティブに解決できる。ところが、これが「何か、いや」と思っている相手だとそうはいきません。嫌いな人と何かをすることはとても疲れるもので、「仕事だから」とがまんしている気持ちは不思議と相手に伝わってしまうのです。逆に、自分が嫌われることもあるのだということも、認識したほうがいいかもしれません。やっかいなのは、自分はいやだと思っているのに、相手からはよく思われたいと思うことです。それは必ずストレスになります。いいじゃないですか、自分だっていやなんだから。そこで無理して好かれようとしなくても、相手を感情的に考えないで、トラブルが起きたことを解決していくことに集中すればいいだけのことなんです。

私は、トラブルや問題事を突き詰めて考えるのがすごく好きなんです。どう解決すればいいか、どうすれば勝負に勝てるか、すごく燃えます。それは、どういう結果であれ、最後は自分で責任をとればいいと覚悟を決めているからなんですね。覚悟を決めれば迷うことがないわけですから、判断のタイミングやチャンスを逃す率はぐんと減ります。それでもう強運を呼び込めるといってもいいくらいです。運に限らず、事をなし遂げる達成感は自分でつかむものであって、人が与えてくれるものではありません。

何が運がよくて、何が運が悪いのかを考えるとき、たとえば両親がお金持ちで資金を出してくれるとか、社会的地位が高くて就職時のスタートラインが有利だとか、そういうことを「運がいい」と思っている人が世の中にはたくさんいると思います。でも、私から見るとそれはすごく運が悪いことなんです。なぜなら、そういう親はあまり子供に苦労をさせたくないと思っていることが多いから、何かいやなことがあると、「そんな苦労することないから、会社なんて辞めなさい」と言いがちなんですね。

「苦労することない」と言い続ける親がいて、それを振り切りながら働くのはすごく大変なことだと、私は経験上知っています。だけど私は、「仕事はお金のためだけではなく、人間としての尊厳を守るために必要なこと」だと思っています。自分の足で立つということで、人間としての尊厳を保てるのです。そしてそれは、私にとっては「自分が食べたいものを食べたいときに、だれに遠慮することなく食べる」ことで、そのためには、自分の収入がいるのだという認識をもっています。だから、そんな哲学を持って働きたいと考えている人、特に女の子にとっては、「苦労させたくない」と思っている親を持つことは運の悪いことだと思うんです。

私は子供のころから「運がいい」と言われ続け、現在まで来ました。人生の半分まで来たから、もうこれでいいかと思っています。よく、「こんなにいいことが続いたら、自分の運を使い切ってしまう」と言う人がいるけれど、それってずるいと私は思います。なぜなら、一生運がいいように願うなんてずうずうしいことだと思いませんか?

強運はやって来ても、いつかは去っていくものです。でも、次の運は必ず回ってきます。それをちゃんと見極めないから一度来た運にしがみつくことになるんです。「もう、あとがないんじゃないか」という〝失いたくない不安〟が気持ちを占めて、実は悪運を呼び込んでしまうことに気がつかない。「もうこれで十分」と思えば、逆に運なんてまたよくなるものなんです。

強運で在り続けるということは、覚悟があればいいことだと私は思います。だから強運な人を特別に思う必要はありません。だれにでも同じように運はやって来て、そして通り過ぎていくものなのですから。

「惚れた弱み」だからしょうがない

ものは考えよう、とはよく言いますが、私はいつも何か起きたとき、「自分は試されている」と感じるんです。

先日も、旅行中にカルティエのブローチを落としてしまったんですね。それなりの値段のものだったから、一瞬頭の中が真っ白になりました。ハッと気づいたら、もうなくて、いろいろ探したけれど結局出てこない。物にはまったく執着しない私ですら、「まあ仕方ない」と思えるまでに、半日はかかりました。

そういうとき、人によってすごく反応が違うんです。人間性がわかるというのでしょうか。値段を聞いた途端、言葉が出なくなってしまう人、「なんで落としたんですか?」と聞く人、「もっと気をつけてくださいよ」と言う人……。でも、どうやって気をつければいいのでしょう。落としてしまったものはしようがないし、落とした本人がいちばん傷ついているのに。どうしてそんな横柄な言い方しかできないのかと思います。

一方、感激したのは、その旅行に同行していたある人が言ってくれたひとことと。「一緒にいたのに、気がつかなくてごめんなさい」。なんて、いい人なんだろう、と再認識できました。高い落とし物だったけれど、私にとって、ちゃんと意味と価値があることだったんです。だって、もしもブローチを落とさなかったら、きっとこういう大事なことに気がつかなかったと思いますから。

そう考えると、すべてのことには意味があって、自分は試されているんだな、とつくづく思います。落とし物に限らず、もう済んでしまったことをネガティブに「なんで」「どうして」と考えてしまうより、私はいつもポジティブに解決したい。試されているのなら、逃げたくないと思っているんです。

そのためには、自分自身を信じることが大切になってきます。「私みたいにがんばっている人間が、ひどい目に遭うわけがない」と思える自分であるべきだと思うんです。もし今、報われないなら、マイナス思考にならずに、「報われなさ」を試されているときだとプラスに思えるかどうかで、出せるエネルギーは確実に変わってきます。

それと、「執着しない」ということも生きるワザのひとつだと思います。物に執着すると疲れるし、私は、物に囚われていることがいやなんです。自分の範囲以上のものを無理やり手に入れていたとしたら、そのことに自ら縛られるということになりますし、失ったときにすごくショックだと思います。だから、買えないものを無理してローンを組んで買ったりはしませんし、買えないものは買わないのが私のポリシーです。自分のキャパシティを知っているということは、とても楽なことなんです。今回のことも、もしすごく無理をして手に入れたものだったら、もっとショックだったと思います。

さらに、もうひとつ。試されていると感じる出来事があったら、自分の魂を信じることが大切だと、すごく思うんです。人がどう思うか、世間がどう思うか、ではなくて「自分の魂がどうしたいと思っているのか」を常に基本にすべきだと思います。

私は「惚れた弱み」という言葉が大好きです。惚れるということはすごくポジティブなことだし、計算がありませんよね。そこには世間の常識や「こうしないといけない」というものはなくて「惚れた弱みだからしょうがない」という自分の魂の問題があるだけでしょう。ほかの人がやれば許せないことでも、惚れた弱みだから許せてしまうってすごいと思いませんか。ものの善悪とか損得とかで考えていない潔さがそこにはあるんです。惚れた相手が浮気をしようが、稼ぎが悪かろうが、親に反対されようが、惚れた弱みだからしょうがない。行けるところまで行ってみなさいと思うし、何が起きても覚悟ができるのだと思います。

恋愛や結婚に限らず、仕事を選ぶとき、会社を選ぶときも、「惚れた弱み」があったほうが絶対いいと私は思います。その仕事が好きだから、この会社に惚れたから、つらさも半減してしまう。腹の立つ上司がいても、仕事に惚れているからがまんしちゃう、とかね。惚れた弱みを持てないということは、どこかに計算やずるさが潜んでいるのではないでしょうか。だから、報われないという「不満」が生まれてしまう。仕事に惚れるのは自分なんです。惚れていないのであればやめるという選択だって自分でできるんです。惚れていない会社で無理に働かないほうがいい。だけど、惚れる気持ちよさを知れば、もっと楽に仕事でもなんでもできるんです。惚れている人がかかわる仕事のほうがやっぱりずるくない分、完成度だって高いと私は思います。

結婚や仕事、会社経営というビジネスに関して、私がこれまでうまくやってこれたのは、自分がかかわっているものに惚れてきたからだと思います。損得や義務感でやっていないから楽しいし、何が起こっても惚れているのは自分だと思えば、相手の責任にしなくて済みますよね。「惚れた弱みだからしょうがない」と思えるからなんでも自分で受け止められるのだと思います。それは運をつかむパワーにもなり得ると私は思っています。

世間の常識にのっとって決めるのではなく、あくまでも自分の感受性＝魂に素直になることで、とてもシンプルに気持ちよく生きていける。みなさんも、もっと自分の人生に惚れてみてもいいのではないでしょうか。

自分を支えるのは自分しかいない

先日、財界のトップの方たちと話したときに、みんなが共通して言ってらしたことが「最近の日本は何かがおかしい」ということでした。経済的にも変だし、世界規模で何かが起きている。それをどの業種の人も言うんです。私も、世の中の組み合わせのようなものがズレて、歪みがどんどん生じている感じがとてもしています。労働意識が低下しているし、価値観もズレてきていると感じずにはいられません。なんだかすべてが「中の下」化しているように思うのです。

「日本総中流化」と言われて久しいですが、それが微妙にレベルダウンの方向に進んでいると思いませんか。今や一流のものやすごくいいものではなく、「中の下」くらいのものが売りやすく、消費者もそれを求めているとされています。たとえば、スニーカーで夕飯を食べに行ってしまう。そして、それがよしとされてしまうレストランしか生き残れない。本人たちはどう思っているのかわからないけれど、グローバルな視点から見れば、確かに「中の下」化しているのでしょう。

親がかりで暮らして生活費もかからなくて、お小遣いももらって、海外とかに遊びに行けてしまう。そんな文化は、ほかにはないと思います。適当にお金は手に入るから、その範囲でできることに楽しみと価値を見つけているのでしょうか。

親が怒らないから、社会に出ていきなり上司に怒られたりするとびっくりしてしまう人も増えています。挙げ句にそれを意地悪と思って辞めてしまったり。「とにかく働いて、生きていかないといけない」というひたむきさに欠けているから、圧倒的に忍耐力がなくなっていると思います。

「忍耐する」という気持ちがもてないのは、目的が見えないからかもしれません。親や大人たちが経済に集中するがあまり、どんなにお金が大事かということばかり教えつけてしまった。お金持ちになるため、物を手に入れるために、いい学校に入る、大きな会社に入る、エリートになる、エリートと結婚するために女の子は外見だけを磨いて勝負をかける。魂がどこかに行ってしまったまま経済が破綻したから、大変なことになっているんです。子供たちはお金を得るために手段を選ばなくなってきてしまった。

お金や物があることはひとつの快適ではあるけれど、本当の快適、精神の快適さがわからないから、生きる目的が見えてこないのではないでしょうか。では、精神の快適って何かと言うと、たとえば受験に失敗したとしても、自分を責めたりだれかのせいにしないで、「自分との出会いが違ったのね」と思えるような精神力を持てることなのだと思います。

私自身、がまん強くはないと思います。でも続けるということの価値はわかっているつもりです。特別、努力して忍耐しているつもりはないけれど、興味がわいたり、もっと知りたいと思えば自然と「待つ」ことはできますよね。

私は簡単に結論は出しません。しかも、「石橋をたたいて渡る」のではなく、「石橋をたたいて、壊して、自分で造りなおして渡る」んです。人が造った石橋は渡りたくないし、なんでも自分で確認したい。だれかひとりの話やうわさを聞いて、信じたり傷ついたりはしないタイプなんです。情報を収集して裏を取って、必ず確認をします。もしかしたら妬みやそねみが原因の話や情報に迷うのは、馬鹿ばかしいと思いませんか。

それともうひとつ。何かトラブルが起きたときに「私って、ツイてない」と思うことの意味のなさに気づくことも大切です。私もニューヨークで暮らすまでは、それに近いことを思っていました。スケジュールどおりに事が運ばなかったり、飛行機が遅れるとか、予定の席が取れないなんてことがあるとその後のすべての仕事がうまくいかないんじゃないか、と感じることもよくあったんです。一種の不安症ですよね。それが、ニューヨークに来てから、「まあいいか」と思えるようになった。「こんなことたいしたことない。もっとすごいことはたくさんある」と思えるくらい、アクシデントの連続でしたから。

細かいことにこだわって、こだわっていることを隠したいがために、理屈をつけていた自分を吹っ切れたとき、とても気持ちが楽になったし自信も持てたんです。そして、改めて確認したことは、「自分を支えるのは自分しかいない」ということ。信念を持って自分を奮い立たせないと、そんな状況の中では生きていけなかったのです。いちいち傷ついていたら明日がないものって本当に思っていたし、自分で自分を支えようと努力もしていたと思います。思えばこういった体験が、強運体質を強化することになったのかもしれません。

先日、会社のミーティングで私は、「浮いている人になりなさい。〝自分が浮いている〟と思ったら、正しいと思っていいのよ」と言いました。それはどういう意味かと言うと、自分をしっかり持っていると、今の世の中、周りから浮いてしまうことが多いということなんです。「私はこうだ」という信念を持っているなら、目立つことはいいことだと思います。私は、大抵いつも浮いているけれど、浮いているから困った、という経験はいまだにありません。

ただし、若いうちは自分がなんでもわかっているような気になって、今思えば顔から火が出るようなことを言っていた覚えもあるんです。そのときにはわからないかもしれないけれど、年の功ってやっぱりあるもの。年長者の言うことは、一歩引いて聞いてみても損はないと私の経験からも思います。それは、確実に自分よりも何かを続けてきた人たちの言葉なのですから。

「相手にウソをつかせてしまう自分」を知る

私は、子供のころから、人がウソをつくとわかってしまうタイプなんです。空気の流れが変わるというか、なんかピンと来てしまう。で、「怪しいな」と思うと必ずその裏付けをとります。すると、やっぱりウソだということが発覚するんです。でも、その場で「ウソでしょう」とは言いません。相手がどこまでウソを言うか、言うだけ言わせてみるんです。ポーカーみたいなもので、証拠は握っているけれど見せない。それで相手がどう出るかをみながら最後にロイヤルストレートフラッシュのような華麗な手を見せるんです。意地が悪いかもしれませんね。

ウソをつく人って、バレていないと思い込んでいるんですよね。それか、「バレたらどうしよう」とビクビクしているか、そのどちらかです。「バレたら困る」という気持ちの強さの差によるものかもしれませんが、ドキドキしているときは余計バレるものだし、子供がウソをつくときとか、顔に出ているものですよね。

ひらき直りといってしまえばそれまでですが、バレたらバレたで、そのウソを受け止めるだけの覚悟を自分が持っていれば、それほど慌てる必要はないかもしれません。知り合いの弁護士の先生が以前「前田さん、ウソはひとつだけよ。いっぱいつくと、自分でわからなくなってしまうから」と言ってらしたのですが、これもひとつの真理ですよね。私、思わず笑ってしまいました。「ウソをついてはいけない」と言うのかと思ったら、ひとつはついてもいいだなんて。

強運な人は、やっぱりウソをつかれにくいし、だまされにくいと思います。じゃあどうすればだまされないのかと言うと、人のうわさを鵜呑みにしない、必ず事実の裏をとる、お得そうな話に欲をかかない。とても簡単なことなんです。そして、相手がついたウソを確認したら情報のひとつとして整理します。次に来るあやしい話をウソか本当か判断する情報になると思います。逆にしてはいけないことは、運やチャンスを逃がしたくないと思うあまりウソをついてしまったり、ウソを信じてしまうことです。そのときはうまくいくように思えても必ずバレて、結局悪い運を呼び込むことになります。

世の中の不安を反映してかウソがたくさん転がっているこのごろですが、ウソにもいろんなパターンがありますよね。たとえば、どんどん重ねていくタイプのウソ。自分を身の丈以上に見せたいと思うときに、はまるケースです。自分の弱さや小ささを見せまいとするためにいろんな言い訳をしたり、次から次へとウソをつくことになってしまう。でもそれは、弁護士の先生の話ではないけれど、自分でどんなウソをついたかわからなくなって破綻をきたすことになりかねません。また、つくつもりはなかったのにとっさにウソをついてしまうケース。これは意外と多いかもしれません。

私の会社でも、仕事の上で、結果的にウソの説明をしたスタッフがいたんです。でも、それは絶対にバレてしまう内容でした。だから、どういう気持ちでウソをついたのか聞いたら、「今まで上司に常に怒られ続けてきて、怒られることが怖いから、とっさに違うことを言ってしまう」と答えたんです。条件反射みたいなもの。計画したウソではなく、とっさに身をかわそうとするウソ。子供がつくウソに多いケースです。子供に対してもそうだけれど、厳しく怒り続けると、ポジティブな行為が出てこなくなってしまうものなんです。「これを話しても相手は受け止めてくれる」と思えば話す。でも、「話せばもっと厳しい目に遭う」と思えば話さなくなるのもわからなくはありません。

だから、「相手にウソをつかせてしまう自分」というものも省みたほうがいいと私は思います。もっと広い気持ちで相手に接していれば、その人は自分に対してウソをつく必要はないはずだと思いませんか。何を話しても愛情深く受け止めてくれて許してくれると思えば、人は本当のことを言うのではないでしょうか。でも、相手が去ってしまうかもしれない、嫌われるかもしれない、二度と相手にしてもらえないかもしれない、など不安に思うことが、すべてウソにつながっていく。ということは、その人に対する自分の態度にも問題があるからウソが生まれるのだと思うんです。

たとえば、部下が自分にウソをついたとしたら、部下を責める前に、自分に対して部下が正直になれない人間関係を築いてきた責任があると私は思います。自分のほうが上司という強い立場に居るわけですから、自分から歩み寄る気持ちのゆとりを持って接したいものです。自分を追い込む必要はありません。その部下への対処の仕方を変えてみようとポジティブに考えれば気持ちは楽になると思います。

もうひとつ、こんなこともありました。スタッフがミスをして、そのことがわかったときに彼女は、「すみません。私が確認しないでミスをしました」とすぐに言ったのです。「この人はとてものびのび育ったのね」と私は思いました。そして、まず自分の非を素直に認められるこういう性格は、今後仕事で伸びるタイプだろうとも感じたのです。

これは、育ってきた環境や親の教育が実はとても大きいのだと思います。育ってきた家庭の中で、何かあっても親はわかってくれて、認めてくれて、「今度は気をつけなさいね」と言ってくれたんですね。だって、人間は完全ではないから、何回もミスをするし、何回も過ちを犯してしまうでしょう。根底に流れている愛情は、相手が正しいからとか、自分にとって利益があるからといって生まれるものではないと私は思います。親子の愛も夫婦の愛も、友人関係も社内の上下関係も、基本に信頼がある。それは裏切ったとか裏切らないとかの次元ではなく、その人の存在自体を認めているということだと思います。

なぜ、その人がウソを言わなければならない方向へ行ってしまったかということを考えてみると、自分を知るひとつの答えが出るような気がします。

交渉事は「降りられる人」が勝ち

みなさんは、釣りをしたことがありますか？　私はフライフィッシングに行ったとき、初めてでいきなりマスが釣れてしまい、「向いている」と褒められてその気になっています。

フライフィッシングは生き餌をつけて釣るのと違って、疑似餌をつくって魚と勝負するものです。しかも音を立てずにとてもシーンとした中で行うから、聞こえるのは川の流れの音だけ。そんな中、マスが食べる虫と同じ形の疑似餌をつくり、エサに見せかけて川の流れに針をポトンと落とす。とても高い美意識の世界だと思いました。

魚は頭がいいから、「釣ってやろう」なんて思うと、絶対に釣れません。「今、エサを食べてお腹をいっぱいにしておこう」と思うそのときの魚の気持ちがわからないとダメ。空気や風、水の流れを感じて魚の気持ちになっていると、魚がいるのが見えてきて、針にかかるのさえわかるから不思議です。

第一、「うまいことやってやろう」なんて考えた途端に力が入ってしまって、ちゃんとキャスティングできません。木の枝に引っ掛かったり、後ろに行ってしまったり、自分の帽子に引っ掛けてしまうこともあります。無心にヒュッと投げたほうが思った場所に針がシュルシュル、ポトンと落ちてくれる。これって、人生を集約しているような気がしませんか。人生だってそうです。欲をもった途端にうまくいかなくなることがある。だから、フライフィッシングはとても哲学的だと思うのです。

無心になるというのは、気負わないこと。ゆとりがあるから、居丈高に攻撃する必要がなくなります。「攻撃は最大の防御なり」というけれど、同じ攻撃でも、攻撃していることが相手にバレてしまっては効果は半減します。たとえば、かつてアメリカで流行ったキャリアウーマンズ・ファッション。男性と同じようなスーツを着て、肩パッドを入れて、ノーメイクで眼鏡を掛けて、「私は仕事ができるのよ！」と意気込んで見せる。これでは攻撃しているのがバレていると思いませんか。男性と一緒に仕事をするときに、「私は男に負けない」という気持ちを前面に出してしまっては、その時点で負けていると思うのです。女であることを楽しむゆとり。ファッションにしてもへアメークにしても楽しんでいれば、忠臣蔵の大石内蔵助と一緒で相手は油断するものではないでしょうか。

交渉するときのコツも同じだと思います。内に秘めたる気持ちを全部バラしてはダメなんです。交渉事は、降りられる人が勝ち、降りられない人が負けなんです。つまりいちばん弱いのは、「NO」と言えない立場の人。「いやならやめてもいい」というゆとりがなければ、結局相手の要求をのむしかありませんよね。

闘うことはものすごくエネルギーがいることです。攻撃しているのを悟られなければ、相手が構えていないぶんだけエネルギーを省力化できる。だから、攻撃的な人ほどゆとりがなくなると私は思います。逆に、ゆとりがある人は何か対立することが起こっても、「ああ、そういう考え方もあるわね」と引いて見ることができて、攻撃的に言い張る必要がありません。ゆとりのなさは、ものすごくマイナス要因。命にかかわるほど重要な問題なら主張も必要だけれど、相手に従ったからといってものすごくひどいことになるかというと、案外うまくいくことだってあるんです。むやみに突っ張ってもいやな気持ちが持続するだけでなんの意味もない。そう考えられるととても楽になります。

交渉事でもビジネスの場合は、お金を払う立場の人は優位に立つし、お金をもらう立場の人は理不尽を言われることもあると思います。理不尽を言ってくる相手を追い返さないようにお金を払わせて、なおかつ自分の主張を通していくというのは、とても高度なテクニックです。結果として、払ったお金以上の満足感を相手に持たせることができれば次のビジネスはもっとラクに展開できると思いませんか。こちらがわの弱みを見せずに、しかも相手にへつらうわけではなく交渉する。そのコツは相手の要求をすべてのむのではなくて、却下したい要求に対して「おっしゃることはよくわかります。では、こういう考え方はできますでしょうか」と誠意を感じる代替案を提示することだと思います。

同じように、交渉事の「NO」の言い方はとても大切なんです。「YES」はどういう言い方でもいいけれど、「NO」だからこそ誠実に言わないと、いやな気持ちが残ってしまう。「あなたの立場もわかるけれどこういう理由だから、今は協力できない。申し訳ありません」と説明しながら言わないと、拒否されるというのはだれもがいやな気持ちになるものなんです。また、必要以上に人前で恥をかかせるのも正しいやり方ではありません。人前で恥をかかせることは、よほどの理由がない限りやってはいけないことだと私は思っています。基本は「自分がそういう言われ方をしたらいやだな」

という言い方を相手にしないこと。いやなことはいやと言っていいのだけれど、間違った方法をとらないほうがいいと思います。

勝負事にも、「負けても平気」と思いながら挑む勝負と「これで勝たないと後がない」という勝負があります。一見、「後には引けない」という気持ちが勝利につながるような気がするけれど、それは違うと私は思います。「勝たなくちゃ」と思った途端、緊張して判断が遅れたりズレたりすると思うからです。仕事だって同じです。「失敗しちゃいけない」と思うと、力が入ってかえって失敗するものだと思いませんか。右手と右足が一緒に出てしまうような、なんだか空回りして力を発揮できない。もっと自分を信じて「とにかく、この仕事をやり遂げよう」と無心になってやってみることです。そうすれば、おのずと「成功」へと導かれていくものだと私は思います。

不遇のときはあってあたりまえ

みなさんは最近、何か本を読みましたか？　私は子供のころから本が大好きで、本屋に行くとどっさりまとめ買いしてしまいます。装幀の美しさに魅かれて買ってしまうもの、タイトルのインパクトで買ってしまうものなど、選ぶ基準はかなり直感的です。『愛はなぜ終わるのか』（ヘレン・E・フィッシャー著）もタイトルで選んだ一冊で、人を動物としての生態を基本として考えた論理的な内容の本です。簡単にいうと、恋愛感情は4年を周期に成り立っていて、それは状況や感情の問題ではなく人間の起源から脈々と受け継がれているDNAが持っている特徴だから、「愛が終わる」のは必然で傷つく問題ではない、というものなんです。

恋人や夫婦の気持ちが冷めたり、浮気をされて傷つくのは、自分だけが裏切られた気がするから。でも、「愛は4年で終わる」という統計的、生物学的な考え方がわかっていれば、感情が介入する余地がないからかえって冷静に理解できると思いませんか。

「浮気をがまんしなさい」というのではなく、種族を繁栄させるための動物としての単なる習性の問題で、ＤＮＡのせいだと言われれば、浮気もしょうがないと思えてしまうから不思議です。

それに、もし4年以上続いたときは、「互いに人間として信頼しあえる」という男と女の恋愛感情とはまた違うものが生まれたと思えるわけです。「愛が終わるとき」は、だれにでもやってくる4年周期の後で、互いに愛着心が起こらなかっただけのことなんです。そう、恋愛感情の次にやってくるものは、単純な愛着心。それを持てるかどうかで、どう気持ちを盛り上げあっても、4年以上は続かない――この論理は、すごく納得できると思いました。

人間の感情の中で、いちばんやっかいなのは、きっと「プライド」と「やきもち」なのではないでしょうか。これをどう制するかで、生きやすくなるかが決まるといっても過言ではないと思います。価値観や物事を判断するとき、プライドがないのは決していいことではないと私は思いますが、プライドが強すぎては一歩引いて考えることができないのも事実です。プライドが邪魔をして自分に素直になれない。そのプライドの扉を開けてしまえばとても楽になれるのに、閉じたままで気持ちが自由になれない。あるいは、人をねたましいと思って、自己嫌悪に陥ってしまうことだってときにはあります。

そんな感情は、私にもありました。最近はほとんどないけれど、若いころ、不遇のときはあったものです。23歳で結婚してすぐのころ、3か月ほど専業主婦をしていたのですが、家にいて、雑誌とかを読むと、第一線で活躍している女性が載っていたりするんです。仕事をしていない自分が、社会からすごく置いていかれる気がして、活躍している人たちに対して、明らかにねたみを覚えました。

人間として、ウソをついたり人をねたんだりすることは、とても下品なことだと私は思うんですね。そういう品位のないことをしてしまったときは、自分でいちばんよくわかっているから、自己嫌悪に陥るわけです。こんなふうに鬱々としているくらいなら何か始めようと思ったのが、フォクシーを始めるきっかけでもありました。

不遇のときというのは、だれにでもあってあたりまえだと思うし、ねたみを覚える気持ちもわかります。でも、そこから抜け出すには、自分の力しかないんです。自分を幸せにするも不幸にするも、全部、自分。何か事が起こったとき、「だれかのせい」とか「理由なく自分がこういう目に遭った」と思うと悔しいでしょう。でも、「原因は自分にある」と思えばしょうがない。たとえ好きな人に裏切られたとしても、それがＤＮＡのなせる業だと思えば腹立ちも少しは納まるのではないでしょうか。

もう一冊挙げるとしたら『プラトニック・セックス』（飯島愛著）です。彼女は、自分の人生に対してすごく真面目なんです。ただ親とのかかわり合いが曲がってしまったために、自分の人生を傷つけたときもあったけれど、彼女の人生むだじゃないとすごく思えてしまう。しかも、今の自分の位置を自分で勝ち取っているんです。親とのかかわり合いとか自分と友達や自分と男との関係とか、すごく冷静に見ていて、自分と人との距離感を正確に把握しています。この本は、娘に読ませてもいやじゃないと思う内容です。こういう体験を素直に自分の言葉で語れるのは、ひとつ超えたものがあるからだろうし、生きていくというなかで人との距離感をやっとつかめたからこそ文章にできたのだと思います。人間きれいごとばかりでは生きていけないけれど、汚かったことはできるだけ隠したいと思うものじゃないですか。自分をいいことにしておきたいと思うのが人間の基本的なずるさだと思います。けれど、彼女はそういう部分を超えたいのだと思いました。まさしく不遇なときを自分の力で抜け出した、自分のことを自分で責任をとった知的水準の高い女性の話で、すごく清々しく感じました。

私は本を読むとき、いいフレーズがあるとラインマーカーで引きながら読むんです。小説だろうと、評論だろうと実用書だろうと同じです。言葉に素直に感動できるときってありますよね。それに、あとから読み返したときに、ラインが引かれているところを見て、そのときの自分の気持ちが鮮明に思い出せて、なかなか面白いんです。いい本は何回読んでも得るものが違うから、毎回マーカーの色も変えています。

でも、本の「丸信じ」ではありません。だれもが自分の目で見て、聞いて、皮膚で感じたことを文章にしているわけだから答えはひとつではないはずです。本の中から自分に合う答えを見つけることが大事なのだと思います。自分が快適だと思える言葉、あるいは答え——それが正解かどうかはわからないけれど——によって、自分が楽になれる。そんな本の活用法が私にはとても合っています。

何があってもリセットせずに確認する

私はEメールアドレスを持っていますが、受信の確認を強いられたり機械に振り回されたくないという思いがとても強いので、必要最小限な使い方しかしていません。コンピュータは確かに便利だし、情報交換は早いし、正確さはあるかもしれません。けれどそれ以上に、私はカードにしてもファックスにしても絶対に手で書いて送るほうが好きなんです。そして、もっと好きなのが電話で話す、会って話すこと。そのほうがパーソナリティが感じられる、感情がそのまま投げ合えると思うからです。

Eメールって、映画『ユー・ガッタ・メール』もそうだったけれど、さみしいという気持ちが根底にあるのかもしれません。家族の接点が少なくなってきて、友達をつくるのも苦手になってきている一方、子供のときからやってきたコンピュータゲームに始まって、機械との接点を持つのはみんなけっこう得意なのだと思います。いやだったら消してしまえばいいし、見たくないものは、すぐ消去できる。全部自分に選択権があって、人に侵されない、立ち入られずにすんでしまう。だけど、それだけの人間関係って、私はすごく不健康な感じがするんです。

生身の人間関係って、目と目を見て、空気を感じて、肌で感じて知り合い、築くべきだというのが私の持論です。たとえば、自分には耳が痛いような話も、本当は自分に愛があって言ってくれているのか、ただの意地悪なのか。いいこともいやなことも、逃げたり消去せずにきちんと確認することが大事だと思うんです。世の中って本当にむだなことはなくて、いやなことに出合うのもすべて必然なんです。そのいやなことからどうやって抜け出していくかというのが、実はその人に与えられている重要な経験なんじゃないかとすごく思います。

何か起きたときに、最後に決めるのは自分だという自信と覚悟の中でやっていけば、多少パニックになったとしてもけっこうなんとかなるものです。その自信が持てるかどうかは、過去のいやなことにどう対処してきたかという経験でしか得られないと私は思います。だから、いやなことから逃げないというのは、人生において実はすごく大事なことではないかと思うのです。

傷つけたり、傷つけられたりしながら成長していくべきなのに、たとえばコンピュータのネット上では自分にとっていい話だけを取り上げて会話をすることが身についてしまうこともあります。それでは、心の抵抗力や対応能力は低下していくばかりです。人間、気持ちのいいことだけでは、絶対成長できないと私は思います。

でも、今の日本はボタンひとつでいやなことが消去できたら、というリセット願望がどんどん強くなっているのではないでしょうか。トラブルの対処能力が落ちているから、あるいは関係を修復することが面倒だからリセットしたくなるのかもしれません。会社の人間関係とか生身の人間関係の場合は、相手のあることだからそう簡単にはリセットできないと思うけれど、それでも会社を辞めるということでリセットをする人が増えているのも事実です。

よく考えたら、私がけっこう人生を成功しているとしたらその最大の理由は多分、消去もリセットもしないことかもしれません。起こったことは、全部一個ずつ受け止めていくんです。これはどういうことだったんだろう、と一個ずつ確認して次に行くのでなければ、放っておけないというか前に進めないんです。そして確認したことを整理整頓して進むんです。リセットしてまた最初に戻らなければならないのは私はいやだし、とてもつまらないと思います。上でも下でも右でも左でもいいから、とにかく進みたいと思ってやってきたつもりです。

私は、敗者復活戦はありなんです。社員でも仲良くしている人でも仕事関係の人でも、互いの意に沿わないことがあって相手が去っていくことがあるとします。そのとき、引き止めることはしないけれど、相手から誠意をもってもう一度ということであれば何年経っても復縁だってOKです。去っていくときは言い合いもしないし、修正する気もありません。でも、また来たら来たでいいんです。そのことを怒ってもいないし、人をうらんだり妬んだりとかはないんです。

敗者復活はリセットとは違うと思います。ひとりが出ていって空いた席にはほかの人が座ることになるからです。今度は、別の人が出て空いた席に座るかもしれないし、今は空席がないからちょっと待っててもらうことだってあると思います。相手からするとリセットのつもりかもしれないけれど、明らかに状況は違っているはずです。私はそのときからは確実に進んでいますから。

私の電話番号帳はいまだに手書きです。しかも、しょっちゅう新しく書き直しています。今使っているのは日本用とニューヨーク用とメモ用の3冊をセットにしても、名刺大のサイズのものです。昔からずっと残っている名前もあれば、何冊か前から消えた名前や復活した名前もたくさんあります。その人との距離感を整理整頓する意味が大きいから、電子手帳や携帯電話にメモリーすることはしません。私にとって、コンピュータにまかせっきりにはできない、確認が必要な情報だからです。

コンピュータがなくなるなんてきっとあり得ないし、これからいろいろな形で進化していくと思います。だからこそ同時に、パーソナルタッチがすごく大事になると私は思います。何か調べたいことがあったときに生身の人間がきちんと対応してくれること、こちらが投げかけたら返してくれること。私はどうしてもそちらのほうを選んでしまいます。たとえ相手から的確な答えを得ることができなくても、どう対処すれば快適になれるかを考えることがやっぱり好きなんですね。

私のような快適を追求するためのわがままに応えるには、コンピュータでできる種類のものは実は少ないような気がします。だから、その他大勢の中に組み込まれて同じ答えしかもらえないよりも、きめ細かいリクエスト、まるでオートクチュールのような要望に応えてもらえる人間関係をつくりたいと私は思います。

ほめることは「人を動かす」

先日、帰国したときに大好きな京都へ行きました。そこで、とても感動する出来事があったので、ぜひみなさんにもお話ししたいと思います。

ニューヨークの友人が初めて日本に来ることになり、絶対に楽しんでもらいたいと思って、彼女たちが来る前に下見も兼ねて京都へ行ったんですね。２日間お願いしたハイヤーの運転手さんに、外国の方を案内するなら、今はどこがおすすめか、尋ねたんです。「あとで書き出したものをお渡しします」と言うので、先にいきつけのお店へ用事を済ませに行きました。戻ってきて、手渡されたものを見て驚きました。きれいに彩色された手描きのイラストの案内図なんです。地図も日本語のものと英語のものと両方あります。聞けば、待ち時間に運転手さんがご自身で描かれたそうです。

このかわいい案内図に感動したのはもちろんですが、何に感動したかって、この運転手さんの遊び心とプロとしての仕事ぶりになんです。すごく高い能力を感じさせますよね。しかもゆとりを感じる。ドライバーとして完璧に自信を持っているからできることなんだと思います。自分のプロとしての仕事の域をきちんと押さえて、かつ仕事以外の趣味の幅を匂わせられるなんて理想的だと思いませんか。

しかも、すごく楽しんでいるのが伝わるんです。無理をしたり努力しているわけでは、きっとないと思います。人間、自分が楽しめれば、ものすごくエネルギーがわいてくるし、できないこともできるようになる可能性をもっている。そう改めて思える出来事でした。

では、どうしたら「楽しい」と思えるか。それはやはり、ほめられることが一番なのではないでしょうか。日本人は、概してほめ下手だと思います。ほめるというのは、お世辞とかではなく、本当にいいところを見つける、そして、それを伝えることと考えれば、案外簡単でとても気分のいいことなんです。

「これをしてもらえて、とてもよかった」とか「うれしかった」とか「あなたならできると思うし、私も助かる」とか。立場が上か下かにかかわらず、ほめることは、言われた側だけでなく自分も楽しい気持ちになれるものなんだと思います。だれだって、人を喜ばせることは好きだと思いますから。

それに「ほめること」がすごく大事なのは、ほめられた人の好きなことを見つける種まきになるからです。自分が好きだと思えることを考えると、子供のときにほめてもらったことが多くありませんか。親だったり先生だったり、ほめてくれる人に出会うことは、自分の人生を決める要因になっていると思います。もちろん、大人になってほめられたことが励みになるのは言うまでもありません。

それに、ほめることは「人を動かす」ことにつながるんです。人を動かしたかったら、まず、ほめること。命令形ではダメだし、脅しでもすかしでも、叱咤激励でもダメ。「動かそう」と思ってはダメなんです。権力を使っても、いつか権力でやり返される。上には上がいるものです。だから「動かそう」ではなく、「動いてくれたらうれしい」という表現や説明をすることです。「あなたがそんなに喜んでくれるなら、じゃあ、がんばってみよう」という気持ちにさせることが大事なんです。人をやる気にさせるには、いい気持ちになってもらうことが必要だと思います。

また、「人を動かす」というのは部下だけでなく、「上司を動かす」ということでもあると思います。でも、上司が部下をほめるのが下手なら、部下も上司をほめるのが下手。「上司がほめてくれない」という一方的なことはよく言われますが、部下だって上司をほめませんよね。お世辞は言われたほうもわかってしまうけれど、ひたむきに「先日のアドバイスを参考にしたら、とてもうまくいきました」とか「心にかけていただいてうれしかったです」といった感謝の気持ちはうれしくないわけがありません。

人を動かすには、そういった「かわいげ」みたいなものも必要かもしれません。私はすごく自分勝手で個人プレーヤーなんですが、感謝の気持ちは忘れませんし、義理に感じたこと、意気に感じたことは忘れてはいけないと思っています。いつか自分が恩返しできるときがあるなら、一肌脱ぎましょう、なんて義理人情の世界みたいだけれど、けっこう好きなんです。「義子の〝のり〟は〝義理と人情〟の〝義〟です」なんて子供のときから言ってたくらいですから。

今子供たちが社会的にメンタルな問題を起こしやすいのは、圧倒的にほめられた経験が少なすぎるからではないでしょうか。ほめられていないから、自分が何が好きで何が得意なのかよくわからない。逆にだめなところはいっぱい言われているのかもしれません。ここがだめ、ここがだめって。でも、だめなところはどうでもいいんです。無理して直さなくていいと私は思います。直そうなんて言うから直らなくてストレスになっちゃうのだと思いませんか。それよりも、自分が得意だったり好きなことを伸ばして、だめなところが見えないようにすればいい。だめなところって直るんじゃなくて、いいところがいっぱいカバーしてくれるんだって思うことです。そして、ほめられることの楽しさをもっと感じてほしいと思います。

本当に、人はひとりでは何もできないものだと思います。だから、何をするにも成功への道は、自分のために何人の人が動いてくれるかに掛かっているといっても過言ではありません。それには、気持ちよく「一緒にいこう」というゆとりや楽しさが大事ではないでしょうか。そして、うまくいったことは、みんなで喜ぶ。そういう気持ちがあれば、人は動いてくれるものですし、自分自身も楽しめるものなんです。強運になる人は、ほめ上手、ほめられ上手に違いないと私は思います。

拒否されたって怖くない

私はよく、しゃべりすぎて声を嗄《か》らしてしまうことがあるのですが、日本とニューヨークでは「しゃべりすぎ」になる意味合いが少し違ってきます。完璧な英語が話せるわけではないし、お国柄が違うから、誤解されないように気をつけてたくさんの説明をして声を嗄らしてしまうのがニューヨーク。日本での場合は、私の言葉をひねってとられることが多いから、そのひねりを矯正するために、たくさん説明をしないとならないのです。

いちばん疲れるのは、自分が「不合理な目に遭っているんじゃないか」と疑心暗鬼になっている人と話をするときです。そういう人には、言葉がまっすぐ抜けていかない。いいほうにとろうとしないから、何を話しても違う歯車が回ってしまっている感じがすごくします。今、日本は全体的にその傾向が強くなってきているのではないでしょうか。

それと、すごく焦っている感じがしてなりません。焦っているから「なかなか報われない」という気持ちが先行してしまう。もっとゆっくり考えればいいのに、今与えられた仕事に対してベストを尽くしていればいるほど「こんなはずじゃなかった」、つまり、「報われ方が遅い」と思ってしまうのかもしれません。でも、努力したことが全部報われると思うこと自体、子供っぽいのではないかと私には思えてしまいます。報われないことのほうが当然なんだからって思っていれば、報われたときにうれしいじゃないですか。報われて当然って思っているから、報われないときに腹が立つんです。

私は、自分が「報われていない」と思ったことは今まで一度もないんです。何があってもたいていは「ラッキー!」と思うから、その都度、その都度、自分にとってベストの反応が返ってきていると感じます。人生に不満を持ったり不安に思うのは、現状を受け入れられないからではないでしょうか。私がなんで不安に思わないかと言ったら簡単なんです。現状を常にそのとき、そのときで満足できるからだと思います。たとえば、もしお客さまに来店してほしいのに来ていただけなかったとしたら、もちろんその理由を一所懸命調べたりはするけれど、「今まで忙しかったから、ちょっと休みなさいと言ってくれているんだな」と考えます。ここで「なぜ私がこんなにがんばっているのに…」と思えば頭にくるし、ストレスにもなるでしょう。「お休みの時期」と思って、ふと気を緩めたら、次のチャンスがやってきたりもするんです。

「器」の中がいっぱいになっていると、新しいものを入れようとしても入らないものですよね。だから、たとえ自分が望まない状況で何かが器からこぼれたとしても「スペースを空けてくれてありがとう。新しいものが入るわ」と思えばいいんです。そう、「去る者は追わず、来る者は選んで」なんです。無理に何かをねじまげようとか、せき止めようとしない。入ってきた情報を整理して、その中で自分に与えられたチャンスと条件の中でベストを尽くしたいといつも思っています。

最近の人たちを見ていて思うのは、とても怖がりだということです。怖いから自分からは何もしない。会社でも、周りが自分に気を遣ってくれないとすごく不安に感じるみたいですね。コミュニケーションの取り方が下手になっているし、言葉が減っているのではないでしょうか。その一番の原因は、「自分が拒否されたら」という不安を乗り越えられないからだと私は思います。

拒否されるということは、何も「あなたがダメだ」と全人格を否定されているわけではなく、「都合が合わない」と言われているだけなんです。相手がたまたまほかのことに興味があるのかもしれないし、相手が求めていることが違う形なのかもしれない。それはイチゴか、バナナかというぐらいの差なのですから、「あなたがダメ」と言っているわけではないのです。「よろしかったら、また今度お願いします」でいいじゃないですか。「いや」と言われることに、慣れていない人が多いんですね。へんにプライドだけが高くて。プライドはもちろん、自分を支えるために大切ですが、自分から飛び込むべきところなのに「私を引っ張ってくれない」と考えてしまうのは、不安感やストレスになっていくだけです。

私は自分でプライドが高いと思うけれど、頭を下げるのはいやではありません。たとえ私の服を評価しない人がいてもいやではありません。すべての人が私の服を好きなんてことはありえませんし、自分が絶対正しいなんてものはないんです。だから、間違ったときは「ごめんなさい、これは失敗」と謝ればいいだけですし、気に入って買ってくださる服があればすっごくうれしい。そういうふうに気持ちを切り替えられれば、拒否されることがあったとしても怖くないと思いませんか。

きっと自分の周りに塀を立ててしまって、自ら狭くしているのではないでしょうか。「私はこうしたい」あるいは「こうしてほしい」ということを自分で言えなければ、たとえ不合理な目に遭ったり損することがあっても、自分の責任として受け入れなければならないと私は思います。待っているだけでは自分の器を狭くするだけです。自分からコミュニケーションを生んでいけば、人間の「器」は広がっていくものなのですから。

そして、もっと自分を好きになってください。私は失敗もするし、時には「イヤな奴」と思われるようなことをすることもあるけれど、私ひとりぐらい私のことを好きでもいいじゃない、と思っています。だから「自己嫌悪」することもないし、学習はするけれど反省はしません。人間だから失敗も間違いも犯すし、やきもちも焼くけれど、でも、私は私ですもの。この与えられた器の中で生きていこうと自分を信じているのです。

互いを許すゆとりも必要

日本人特有の律義さ、物事に対する正確さは世界に誇るべきものだと思うけれど、ニューヨークで生活しているとそれがストレスになることが少なくありません。以前は「なぜＮＯＲＩＫＯは、そんな細かいことにこだわるんだ」と言われることが多かったんですね。「大勢《たいせい》には影響がないんだから、アバウトでいいじゃないか」ということの国の考え方は、頭を切り替えないと、いちいち腹が立ってしまうくらいです。

先日もすごく頭にきた話があります。ニューヨークのデパートで化粧品をたくさん買ったのですが、家に帰って開けてみたら、使用されているクリームが1個と空箱だけのものが1個入っていたんです。びっくりして、売場に電話をかけたら、新しい商品を小包で送ってきてくれたところまではいいのですが、クレジットカードに勝手にチャージしていたんですね。つまり私はもう1回買わされたことになっていて、現状は何も変わっていないんです。

本人の許可なく、勝手にカードを使うなんて、すごく失礼だから抗議したのですが、アメリカのカード会社では、カードを「人の財布」だとは思っていないんです。どういうことかというと「空箱と使用されていた商品を持ってくれれば、返金するのだからいいじゃないか」というのが先方の理由。悪びれた様子もありません。だれかが支払いをした事実を機械上記録しないと商品を出荷できないシステムだから、と言われても、それは売る側の理屈だけで、買う側の気持ちは何も考えていないと思いませんか。「私にとってカードは財布と一緒。勝手に人の財布からお金を取っておいて、〝あとで返せばいいでしょ〟という理屈はおかしい」と言っても、相手はなぜ私が怒っているか、理解できないんです。「でも、ミズ前田、その品を持ってきてくだされば返金する。クレジットが戻れば、あなたの銀行からはお金は落ちないから問題はない」の一点張りで話になりません。これは、責任者と話をしないとらちがあかないと思い、事の次第を手紙で送り、今、その返事待ちというわけなんです。でも、実は一瞬、迷ったんです。「面倒くさいからもういいか」って。だけど私は、ひとつずつ解決していかないといろいろなことを学べないと思うから、手間はかかるけれどちゃんと確認するべきだと決めました。

アメリカ人はめちゃくちゃプライドが高いので、人前で言われることに対しては絶対に許容しない傾向があります。人前で批判や注意を受けることは特にそうです。でもそれって、人間の本質かもしれません。こちらも相手に素直に聞いてもらうことを目的としているのだから、ほめるのは人前で、しかったり注意するのは人が見ていないところで、というのは基本だと思います。日本では「人前で恥をかくと同じ過ちを起こさない」という指導もあるようですが、私は恥をかかせる必要はないと思っています。そういう点で、日本はストレス文化だと感じてしまいます。叱咤激励、努力、根性でしょう。それって、人それぞれのキャラクターを無視していると思いませんか。そういう有無を言わせないやり方は、それなりの教育を受けてきた人たちを引っ張っていくには正しい方法ではないんです。だれだって自分の意見や考えを持っているのですから。

アメリカの消費者は物資が豊富な国だからかもしれないけれど、なんでも使い捨て感覚といっていいくらいとてもアバウトです。「NORIKO、なんで日本では駅のホームに人が列になって待っているの? えっ? 電車のドアが決まった位置で止まる!?」なんて、まるで笑い話のようですが本気で聞いてくるんです。そういう気質の違いが、物づくりにも、消費者の気質、売る側の気質にも影響を与えているのだと思います。以前も高級デパートでバッグを買ったら、中にクッキーとガムが入っていました。なぜ、こういうことが起こるのかというと、買って、使って、返品する人がいるからなんです。しかもその商品が平気でまた同じ店頭に並んだりする。みんながカードで買って、クレジットが返金自由だから、細かくこだわらない。売る側も買う側も、とても自己中心的なシステムだと感じてしまうのは、私の日本人気質のせいかもしれません。

私もビジネスをしている中でお客さまから直接クレームのお手紙をいただいたりすることがありますが、それはとてもありがたいことなんですね。日本の消費者の要求度は高く、とてもきめ細かいから、それを解決するために販売の仕方も製品も、それに伴って向上していくものだからです。そういう気質の違いが、物づくりの完成度にも影響を与えているのだと思っています。

その反面、アメリカのアバウト感覚は、実は心のゆとりにもつながっていて、結果的にすごく画期的な発明をもたらすこともあるんです。一日中遊んでいるような人が、すごいコンピュータソフトを開発したりする。それが社会の幅だと考えれば、日本人ももう少し、アバウト感覚があってもいいと思えてしまうんですね。それに、忙しすぎるから、すべてのことにその場で結果を求めようとする傾向がとても強い。物事には、その場で結果は見えないけれど、後になって有効だということがたくさんあることも、もっと受け入れたほうがいいように感じています。

日本人は子供のころから社会のなかで訓練されてきているから、きっちりしたことが絶対だと信じているところがあると思います。形を整えることに、すごくこだわる。でも、それを国際ビジネスの社会で無理やりやろうとすると、「細かいことにばかりこだわって、全体を見ないいやなヤッ」と思われてしまうのも事実だと思います。

何事も、人に強要すると、お互いが息苦しくなってしまう。もともと人間は未完成なものなんですから、それを許すゆとりも必要だということを感じます。かといって、先程のデパートのような対応は、小売ビジネスをする立場として、反省すべきところだと思いますし、使ったものを返品する消費者の感覚もどうかと思います。

私は今まで、常に正解はひとつだと思っていましたが「こういう感覚で生きている人もいるんだ」と思えるようになって、実は答えはひとつではないとわかりました。これもニューヨークで暮らすようになって、学んだことです。

「どうすれば幸せになれるか」を知る

『五体不満足』（乙武洋匡《おとたけひろただ》著）を読んで私は久々に感銘を受けました。乙武くんの潔さはもちろんですが、彼のようにかっこいい子供を育てたご両親、特にお母さまの哲学と知的レベルはものすごく高いものだと私は思います。自分の子供が手と足がなく生まれてきたって、この世に生を受けたことに喜びを感じて、力強く、気持ちよく、快適に暮らせるだけの精神力を彼に与えられた。子供に不安を抱かせたり、コンプレックスを持たせてしまうのは、実は親や家族、周りの人が不安やコンプレックスを感じていて、それを子供が敏感に察知してしまう結果なのだと思います。

「障害は不便です。だけど、不幸ではありません」という言葉からは、自分をそれ以上にもそれ以下にも思わない潔さが感じられます。簡単にポジティブシンキングというけれど、やっぱり自分の中にきちんと哲学を持っていないとポジティブシンキングはできないと私は思います。

では、哲学を持つということは、どういうことでしょうか。人と自分の考え方、人と自分の生活、人と自分の環境、すべてが違っても自分のことを受け入れるというだけの自信を持てるかどうかだと思います。では、その自信はどこから来るかというと、人と同じではないことに不安を持たないことだと思います。そう、すごくシンプルなことなんです。

同じように、知的レベルの高さというのは、他人とのかかわり合いの中で、自分の在り方とか人との距離感とかを品位とバランスを持って生きていけることだと私は思います。妬みとかそねみとかコンプレックスというのを持っていない人はいないと思うし、私にもきっとあると思います。だけど、それをどう消化できるかではないでしょうか。消化するのに一晩かかる場合もあるし、10分の場合もあるけれど、なんとか消化できること、つまり嫉妬を根に持たないということが、すごく重要なことだと思います。それが実は、人と比べてではなく、自分が本当に幸せに生きていけるコツなんです。乙武くんだってつらいこともいやなこともあったと思うけれど、そんなものは彼の中で十分もう消化しちゃっているから、あえて言う必要がないのだと思います。

知的であるということは、自分を知るということ。自分がどうすれば幸せになれるか、どうすれば快適でいられるかということを知ることなんだと思います。そのためには自分の価値観を持つことです。たとえ、世の中の価値観と違っていようとも、本当に自分が自信を持っているなら、快適に自分の人生を生きていけるのだと思います。だけど、ほめてくれなくちゃいやだとか、世間に支持されたいと思うのは、実は自分が自信を持ってやっていないからではないでしょうか。だから、「人がほめてくれる」という価値観に頼ってしまうのだと私は思います。

では、自信を持つということはどういうことかというと、どれだけ自分がそのことを一所懸命やったかということに自信が持てるかどうかだと思います。ここまでやったという満足感があれば、そのときに評価されなくても、すごくいい汗がかけると思いませんか。そういうひたむきさが欠けているから人の評価が気になったり、有名になるとかお金がいっぱい入るということが満足の基準になってしまうのだと思います。

人っていろいろなことを勝手に言いたいものだと思いませんか。じゃあ、言ったからって責任を取ってくれるのかというと絶対そんなことありません。ひとりかふたりが言っていることを、まるで世間全員が言っていることのように思い込む疑心暗鬼な状態は幸せではありませんよね。みんな自分のことが忙しくて、そのことばかり考えてはいないって話なんですが、世界中の人が自分のことを嫌っていたり世界中の人が自分のことをウワサしているように受け止めてしまう場合があるのかもしれません。でも、淡々と黙々と潔く生きていればそれでいいじゃないですか。失うものがあるときは失ってしまうものだし、手に入れられるときには手に入れられる。そう思っていればたいていのことは幸せに受け止められると思います。

私は自分がいやなことはやらない、やりたいこと、やるべきことを納得してやっているから、そのことに対する評価は潔く受けると覚悟しています。いろんなことが人生には起きるけれど、自分が決めてやったことに対して、すべてのことは自分に戻ってくるだけ。そういうふうに思えるから、与えられた条件下でベストが尽くせるのだと思っています。

それと、一度人に言われたことでとても印象的だったことがあります。

「前田さんはきっと物事すべての〝素《そ》〟、食べ物とかも〝素〟のひとつなんだけれど、それがわかっているんだ」という言葉でした。もっとわかりやすい表現でいうと〝本質〟みたいなことなんだと思うけれど、私は〝素〟という言葉がとても気に入っているんです。そう言われると確かに、私は〝素〟を肌で感じてわかるようなところがあると思います。自分にとって何が本当にいちばん大事なことなのか、決してあれもこれもとずるい気持ちを持たないで選ぶことができるのもそのせいかもしれません。

私のことをけっこう物欲が強い人なんじゃないかと誤解されているかもしれませんが、物欲はないほうだと思っています。物への執着心と言い換えてもいい。だって、失って困るものなんてないんです。自分が快適に生きるという哲学がなくなったら絶対いやだけど、それ以外のものであれば、これがなきゃ生きていけないとか、この人がいなきゃ生きていけないという気持ちはありません。そのとき、そのときに与えられた人、物の中でベストに気持ちよく一緒に生きていければそれでいいと思っているんです。欲しいものを手に入れれば、その反対側で失っているものは必ずあります。それをひとつひとつ、自分の価値観と欲求度を照らし合わせながら、自分はどっちが欲しかったのかということを確認しながらやっていけばいいことなんだと思います。

〝素〟がわかるためには、自分が何がいちばん欲しいのかを知って選ぶ潔さが必要だと思います。どんなに時間がかかってもいいからよーく考える。選ぶのはほかのだれでもない、自分なのです。

人間関係の潤滑油「お願い」と「ありがとう」

日本に戻って来るたび感じるのは、自分のことを「つまらない人」「ちっぽけな人間」と思っている人が意外に多いのではないかということです。それは多分、子供のころからの教育の問題が大きいと私は思います。ほめられることよりも怒られる回数のほうがきっと多かったのではないでしょうか。アメリカの教育は、ほめられる回数のほうが断然多いから、自分に自信を持っている人がとても多いんです。

自信を持つということは、とてもすごいエネルギーなんです。「私ならできるに違いない！」と思うのと、「私なんかできないに決まっている」と思うのとでは、気持ちの上で既にスタート地点が違いますよね。

私は20代のときから会社を経営する立場ですが、社員との関係でそれまでずっと気づかなかったことで、40歳になっていきなり、目からうろこが落ちる思いだったことがあります。それは、「注意してしかって指導するよりも、ほめたほうがずっと伸びる」

ということです。そして「ほめるのは人前で、注意するのは人陰で」、これは絶対に大事なことだと思います。注意したいことがあるときは、陰に呼んで注意する。注意というのは、本人に言えばいいことなんです。わざわざ人に聞かせる必要はない、と私は思います。逆にほめるのなら、みんなの前でほめること。これをやってみると絶対に違うと思いますし、このルールを決めておいたら、必ず人はついてきてくれると思います。

これは子供に対しても同じです。「電車の中で子供が騒いでいるのに親が注意もしない」という批判はよく聞かれますが、私ならそういうときは、子供を連れて次の駅で降りてしまうと思います。レストランだとしたら、「ちょっといらっしゃい」とトイレに連れていって叱ります。人前では絶対に怒らないと決めていました。そして日ごろは、「うちに生まれてきてくれてありがとう」「生まれたのがあなたでママは運がよかった」と娘にはいつも言っているんです。娘は、自分が愛されていることを感じているから、愛ゆえに叱ってくれるのだとわかっていると思います。

もうひとつルールをお話しすると、英語なら「プリーズ」、日本語なら「お願いね」を必ずつけることです。「何々してくれる? お願い」と言うのと、「何々しなさい」と命令形で言うのとでは、言われた気分が違いますよね。上手に人にお願いするには

「プリーズ」と、そして「サンキュー」をきちんと言えることが基本だと私は思います。「あなたがやってくれたから助かった」「あなたyou だからできた」「やっぱりあなたね」という感謝の気持ちを相手に伝えることは大切だと思います。「やってくれてあたりまえ」と思うと感謝の気持ちは薄くなるし、皮肉なことにそういうことほど伝わってしまうものだと思います。人を動かすには命令ではなく、手練手管を使うのでもない。「あなたに価値がある」ということをわからせて、本人がやる気になってくれないとダメなものなんです。「やりたい」という気持ちは、「やれ」と脅かされても育たない。また、ちゃんと言ったことをやっているかどうかを見張っていなければならないようでは、最初から無理なんだと思います。

見張るということは手間がかかるし、コストもかかります。私も、昔は会社のスタッフを見張っていたことがありましたが、ニューヨークに暮らすようになってから、まかせることができるようになったのです。距離的に見張ることができなくなったこともありますが、自分の常識や価値観が、世界では通用しないということを実感したからです。その価値観だって、それはそのときの自分の考え方であって一生その価値を維持していくとは限らないものです。自分でなければできないことなんて、実はそんなにあるものではないし、何事も答えはひとつではない。それがわかったことはすごく大きかったですね。

「お願い」と「ありがとう」がきちんと言えることは生きるワザの基本でもあると思います。これは、夫婦でも恋人でも親子でも、会社の上下関係でも同じことが言えるからです。いわば人間関係を円滑にさせる基本。このふたつがあれば、生きていけると言っても過言ではないと思います。たとえば、長年夫婦でいると、「やってくれてあたりまえ」「わかってくれてあたりまえ」と思うようになる。それがまずいんです。家族だって決して「あたりまえ」なんてことはありません。人間関係がうまくいかない人はもしかしたら、「お願い」と「ありがとう」がうまく使えていないのではないでしょうか。

会社の労使関係、子供との親子関係、恋愛関係はみんな似ているところがあると私は思います。そこにはすべて「自分対他人」という関係がある。人が自分をどう思っているか、を考えると疑心暗鬼になるでしょう？　そういうときは常に、部下や子供や恋人に対して自分が何かを望んでいるのだと思います。本来、「自分に何ができるか」という視点で考えることが大事だと思うし、そもそも人を自分の思いどおりに動かすなんて、できるものではないと思いませんか。なのにそういう不満を持ってしまうから、幸せ感が薄くなる。自分の幸せを周りに求めすぎているのだと思います。

「前田さんに頼まれたら仕方ない」

ありがたいことに、そうみんなは思ってくれているみたいです。私はすごくいっぱい人に応援してもらっています。私もそれに応えようととにかく必死だった時期もありました。私にいいところがあるとすれば、責任感がめちゃくちゃ強いこと、言ったことは絶対守ることかもしれません。自分がやりたいことをやっているから、それを人に押しつけることはしませんし、何かを頼むときも「やってくれたらすごくうれしい」という気持ちをきちんと伝える努力はしています。

今の日本には情熱が欠けていると思います。「こうすれば人が評価してくれるだろう」と計算するのではなく、自分がやってみたいことにもっと集中したほうがいいのではないでしょうか。無難に生きようとするのはやめて、無難に働こうとするのもやめて自分は何をしたいのか、何が好きなのかということにもっと集中すれば、人に対しても尊重する気持ちが持てるようになると思います。それが人間関係のストレスをなくす近道なんだと思います。

不安を取り除いて生きること

若いということを、あなたはどのように受け止めていますか。若さで評価されるということは、実は恥ずかしいことだと私は思っています。だって、結局それしか評価できるものがないということでもあるのですから。みんな順番に年をとるし、必ず体力も衰えていくし、しわもできるに決まっているのだから、自分の若さだけでいい気持ちになるのだったら、あのころはよかったって、この先ずっと悔やんで生きていかなければならないと思いませんか。

若いだけでちやほやされる時代なんて本当につまらないと思います。私自身、24歳で会社を興したこともありますが、仕事においても社会的なことでも若いということでいいことなんか何もなかったと思います。若いときは確かにキラキラしていると思うけれど、ちやほやされることって、仕事の評価を棚上げされたみたいですごくいやでした。だからずっと、早く年を取りたいと思っていましたし、今も早く60歳になってラクをしたいと思っているんです。

もちろん、若いうちだからがまんできることはあるし、初歩的なミスをしてもまだ許されるというのはあります。ただ、若さに甘えていい気になって何もしないと、30歳を過ぎてやっていられないということはいっぱいあるんです。たとえば30歳を過ぎて自分の将来に不安を持っていたら、私は自分で自分が恥ずかしいと思います。何かをつかんでいないと、道が見えていないとだめだと思います。そのためには20代に本当に無我夢中、ひたむきに仕事をすることです。そうすれば30代はその延長線で働けると思います。40代になったら、私から見るとほとんど引退気分。それまで8割のエネルギーを仕事に注いでいたとしたら、6割、あるいは4割でも集中力とゆとりをもって、おまけでやっていけると実感しています。

今、日本はいろいろな面で本当に子供っぽいと私は思います。ファッションも子供っぽいし、仕事の仕方も子供っぽいし、結婚の仕方もすごく子供っぽい。若さに価値を置いたり、それをよしとしすぎる社会も子供っぽい気がします。これは見方を変えると、「だれかにプロテクトしてほしい」とみんなが思っているからかもしれません。

女性が結婚をゴールと思っていたとき、相手に求めるもの、依存するものはとてもたくさんあったと思います。だけど、男性はそれだけのキャパシティが今はないのではないでしょうか。自分では生活の糧を得るすべもない、衣食住すべてを男性に依存するという女性を背負い込むだけのゆとりが、若い男性には持てない社会の構造になってきているのだと思います。生活にかかるコストとか、世の中に転がっているチャンスの比率とか、ゆとりや隙間があまりにないと思いませんか。

だから、今、どういう女性と本当に結婚したいと男性、特に若い男性が思うかといったら、「自分で自分のことができる女性」だと私は思うのです。今の女性は社会的にも、別に男性に食べるものや住むところを用意してもらう必要はないかもしれません。自分で手に入れられる収入があれば、相手に依存することなく、もっと純粋に一緒に居て楽しい関係でいられるし、男性側もそれを望んでいるのではないでしょうか。

27くらいから32、33歳の間がいちばん女が迷ってしまうときかもしれません。この時期というのは、恋愛も盛り上がるころだし、気持ちが何かに集中すると同時に見失いやすい、すごく気持ちが揺れるときでもあると思います。だからこそ、その時期に、寂しいからとか年齢的なことだけで無理に結婚をしてキャリアを失うことは避けたほうがいいと思います。仕事は絶対に続けたほうがいい。結婚までいかない恋愛にしても、相手に自分を守ってもらおうと思ったら、そこで、もう違うものになっている気が私はします。

年を取ったら不安だから、特定の人を決めておきたいという考え方もあるけれど、自分の老後を見させるために配偶者を選ぶものではありません。そんなことはなんの価値もない投資で、相手が先に死んだり病に倒れたりしたら、自分のほうが面倒を見ないとならない。まったくあてにならないことです。それよりも純粋に「この人と一緒にいたい」「この人と時間を過ごしたい」という気持ちが重要であって、面倒を見てくれるかとか住まいを提供してくれるとか食い扶持を稼いでくれることに価値を置くと、実は不安を自分で抱え込んでしまうことに気づくべきです。

人はなぜ不安になるかというと、「失ったら困る」というものを持っているからなんです。失ったら自分はどうやって生きて、この生活を維持していけばいいの？　と執着する相手やお金や空間……失うものを持っていればいるほど不安の原因は多いということです。でも、何を失っても自分の足で立って生きていけるという心の準備があれば不安は和らぎます。それには、自分で食べていける、やはり収入があることが基本だと思います。

どんな時代でも尊敬されるべき仕事があると私は思います。それは「物をつくる」仕事、「物を生み出す」仕事だと思います。それは人間が生きていくために必要な物をつくることなんです。野菜をつくったり、道具をつくったり、電力をつくったり、家をつくったりする仕事。お金になる、ならないとかの問題ではなくて、つくるときの志の高さは、必ずつくった物に反映すると私は思います。ひたむきに自分が納得するいいものをつくりたい。この気持ちがあれば不安に怯えることも、不安を感じることさえもなくなるのではないでしょうか。

大人は自分で自分の身を守らなくてはいけないもの。そして極力、自分の中から不安を取り除いて生きる姿勢が、快適な人生といい運を引き寄せるのだと私は思います。

孤独感からどうやって抜け出すか

ニューヨークで、「気分が落ち込んだとき、あなたは何をしますか?」と何人かに聞いてみたことがあります。いちばん多かった答えは「スポーツでとにかく汗をかく」でした。確かにニューヨークのマンハッタンは、ものすごくスポーツクラブの多い街なんです。でも、あれだけスポーツクラブが多いのは、実は孤独な人が多いからだと私は思います。

メンタルに落ち込んだときというのは、みんな、どこか孤独を感じている――しかも、ひとりでいることの孤独感というより、人の中にいる孤独感なんです。「だれも私に注目していない」、あるいは逆に「自分だけが浮いている感じがする」という「さみしい」気持ち。たとえ結婚していようが、親がいようが、子供がいようが、「さみしい」という気持ちはみんな持っているのです。

その孤独感を、どうやって紛らわせるか。仕事に集中するのもひとつの方法だし、趣味に夢中になるのもいいと思います。孤独を感じるときは、仕事にしてもプライベートにしても、自分が一歩引いたときだと思いませんか？　思うように物事が進まないときなど、ふと考える時間ができてしまう。そんなときに気づいてしまうのが「孤独」なのかもしれません。だから、自ら忙しくなるように、ふだん手が回らなかったことをするとか仕事を増やしてみるのもいいと思います。肉体的に忙しいと、さみしいと感じるヒマはあまりありませんから。

私は会社を始めるのと結婚が同時くらいだったので、毎日の回転のあまりの速さゆえに、「さみしい」と感じるヒマがずっとありませんでした。でもニューヨークに生活の拠点を移した当初、初めて孤独感を味わいました。もともとは、娘の入る学校のための渡米でしたから、仕事を基本とした生活ではない分、今までにないくらいヒマだったのです。自分が社会とかかわっていないことが、最初は本当にさみしいと感じました。子供といても、子供は子供で自分の社会があるから、余計にさみしさを痛感するわけです。

この孤独感から抜け出すために、ニューヨークでできることはないかと思って娘の学校のチャリティ活動を始めました。そこで知り合ったママたちは仕事を持つ人も多く、仲よくなるにつれて、いろいろなシーンで役に立つ服、自分をハッピーにさせる服を求めていることがわかってきました。それは、私が今までつくってきた服でもあり、案外、日本もニューヨークも変わらないのだと実感したのです。それからは「さみしい」と感じているヒマはなくなりました。人間関係も広がって、私のつくる服をほめて支持してくれる人が急増した結果、マジソン・アヴェニューに直営店「NORIKO MAEDA BOUTIQUE」をオープンしたからです。

さみしさを感じていても仕事に集中できない立場の人もいると思います。その場合はスポーツでとにかく汗をかくことです。体を動かして「汗をかく」というフィジカルなことに集中していると、人は余計なことを考えているヒマはないと思います。汗をかいて疲れて眠ることで、メンタルな不安は少しでも抜けていくのではないでしょうか。ニューヨークの人たちのように、メンタルなことを解決するには、実はフィジカルな方法がいちばんいいのかもしれません。

外に出たくなかったり、人と会うのがいやな気分のときは、お風呂に入るのがいいと思います。汗をかくでしょ？　これは私も習慣にしているけれど、汗と一緒にいやな気持ちが出ていくことはだれもが感じていると思います。さみしい気持ちから食べすぎると体に悪いけれど、お風呂に入って体を清潔にしすぎて悪いことなんてないと思いませんか。そのためには快適なお風呂場、何度でも入りたくなるようなお風呂場にすること。掃除が行き届いた清潔なお風呂でないとね。「今日はいやな日だった」と思ったり、憂鬱なときはお風呂に入る。これはすべての人にすすめられる解決策だと思います。

ただし、汗をかいて「さみしさ」を紛らわすのはつなぎのようなもの。愛してくれる人やものに自分が気づくまでのつなぎで、「今は試練のときだけれど、必ずいいときはやって来る」と信じるしかありません。「愛されている」という気持ちが少なくなればなるほど、正反対の「孤独感」は強まっていくものです。今はたまたま愛のないところにいるだけかもしれません。「ならば、かかわらなくてもいいじゃない」というのが私の哲学です。愛のないところでそんなに努力しなくてもいいんです。愛してくれる人とかかわっていればさみしくないでしょ？　とてもシンプルなことなんです。周りを見回して、自分を愛してくれる人と居場所を見つけることのほうが大切だと思います。

それに、みんなも孤独なんだと知れば、不安のひとつは解消できるはず。「私だけが孤独」と思うから、そこから抜け出せないのだと思います。「私だけが」と思ってしまうのは、自分と人を比べようとするから。比べるなら、自分と自分を比べるべきなんです。人と比べることはなんの意味もありません。実は言わないだけで、だれだって悩みを持っていたり、何かを乗り越えようとしているのではないでしょうか。ならば、孤独を受け入れて前へ進もうとしている人のほうが、間違いなく強運体質だと私は思います。孤独感があるからこそ人のありがたみも感じるし、人の優しさにじーんとくる。世の中はすべてそういったバランスでできていると思えば、辛くもないし、次に進むことができると思います。

生きていくということは、自分は孤独だということを認識すること。そして、その孤独感からどうやって脱出するかというノウハウを身につけることなのではないでしょうか。

ミスは認めたほうがお得

今の人たちが怒られ下手、つき合い下手なのを見ていると、自分中心の考え方が要因なのでは、と感じます。機械のスイッチを入れて、自分が欲しい情報だけを検索するように、つき合い方も一方的に自分のインフォメーションを流し、相手のインフォメーションは都合のいいものだけをチョイスする。いいこととイヤなことはセットでやってくる、という基本的なことを忘れてしまって、おいしいところだけを取ろうとしているんです。「イヤなこと」はあくまでやりたくない。これはバランスの壊れた考え方だと私は思います。

会社組織の中でうまくいかない人というのは、自分が主役でなければイヤなタイプなんだと思います。だけど会社では、だれも主役ではないし、だれもわき役ではありません。さまざまな分野で、いろいろな人がそれぞれの能力を発揮する。組織とはそういうものですし、能力のない人に給料なんて払いたくないじゃないですか。たとえば、私はもし一日中経理の計算をしろと言われたら、頭がパニックになると思います。経理の仕事では私はお金をもらえない。でも、デザインを考えたり新しいものを見つけたり、自分の考えを人に説得することには能力があると思います。だからそれで給料をもらっているのです。人はみんな、何か必要があって、何か価値があって会社にいるのだと私は思っています。

会社とは何かというと、ひとりひとりが構成員なんです。そこには、絶対にミスをしない天才も上司もいるものではありません。そういう中でみんなが少しずつバイオリズムを合わせていく。バイオリズムは人によって違うし、いいときも悪いときもあるものです。

「あの人に限って、なんであんな失敗をするの?」というのは、バイオリズムが下がっているときなんだと思います。人数がいれば、それだけ波長が違うから互いにカバーし合える。だからチームワークで仕事をしたほうが、飛び抜けたものはできにくくても、平均的に確実なものができてくるし、バランスがとれてくるのだと思います。

そういった環境の中で会社を信頼できたり、上司を信頼できたりする根本にあるのは、実は「自分を信頼できる」ことだと思います。自分を信じていれば何かミスをしたときに、「自分は悪くない」と頑なにアピールして守る必要はないと私は思うのです。ただ間違っただけ、トラブルに巻き込まれただけなのだから、それを解決すればいいことなんです。変に自分を守らなくても、それほどひどいことにはならないのに、必死に守ろうとする。それが逆に信頼関係を壊していくことに気づいていないのです。

根底にあるのは「怒られたくない」「注意を受けたくない」というプライドの鎧で固めた、自分の自信のなさだと思います。少しでも注意されたり怒られたりすることに、ものすごい拒否反応を示すんですね。「申し訳ありません、今後気をつけます」でいいじゃありませんか。命までとられるわけではないのだし、そこまで防衛しないとならない理由はないと私は思います。何より、注意されることで、まるで個人の人格を否定されたと感じるくらい、極端な受け取り方をするのは損だと思います。

「なぜ私をわかってくれないの」「なんでこんなにがんばっているのに、そんなことを言われなきゃいけないの」と言われなき屈辱感や敗北感が生まれる。だけど、確かに問題が起きてしまったのだから、あとは早く終わらせたほうがいい。いつまでも自分のなかで引きずらないほうがいいんです。そこに留まっていることは、運も停滞します。自分を信じていれば「私に限ってそんなはずは」とは思わないはずです。信じているからこそ、「やりかねないな、私」というゆとりが持てるのではないでしょうか。上司の信頼があれば「あの人はそういうことをやりかねないから、やったらフォローしてあげよう」というスタンスを得られると思います。

「自分を守りたい」気持ちはわからなくはないけれど、注意は受けてしまえばそれで終わることでしょう。しかも、「受け止めた」ということが自信になって、次へ進めるものなんです。がんばる方向が間違っているんです。もっと素直に、謙虚な気持ちで、「間違っていたら教えてください。直します」でいいのだと思います。変な防衛をする必要はないし、変な防衛をするためには、しばしばウソをつかなければならないこともあるんです。でも、目先のウソはすぐばれるし、まったく成長しません。そんなことよりも、ミスを認めて成長したほうがお得だと思いませんか?

この「お得」ということをなぜか見過ごしてしまう人が多いのです。だれもあなたのことを絶対にミスらないとは思っていないし、私も含め、だれだって、ミスしたり間違ったりするんです。会社で起きるミスなんて全然たいしたことではありません。ならば、ミスしたら早く認めて、解決案も教えてもらって、次へ進んだほうが得策です。「すみません。助けてください」と言ってしまったほうが賢いし、かわいげもあると思いませんか。

私はつっぱっているけれど、「かわいげのある人間になりたい」といつも思っています。かわいげというのは大事だからです。でも、それは作戦ではなく、教えてもらうほうが解決が早いからなんですね。いつまでもつっぱって、ひとりで調べたりするより、答えがあるのならぜひ教えてもらいたいし、その道の先輩として方向性を示してほしいし、相談にのってほしいと思います。お願いするということは、かわいさよりも実は「相手の懐に飛び込んでしまう」という自分自身を信じる強さがあるからこそできるのかもしれません。

高すぎて届かない目標はダメ

今は男も女も、25歳はまだ若者気分なんだけれど、28歳の声を聞き、30歳を超えて目の前に35、36歳ぐらいが転がってくると、あっという間に時間がなくなる、という不安があるようです。女は結婚や、子供を産むのかどうするのかという境目の選択、男は男で、社会的に先が見えてくるころ。ちょうど体調を崩すなど、その時期に厄年もくるし、精神的にプレッシャーを感じて現状に満足できないと悩んだり、迷ったりする年齢なんだと思います。

先日も、30代の人ですが、ずいぶん落ち込んでいたから、「何をそんなに悩んでいるの?」と聞くと、「自分が若いときに、今の自分の年齢にはここまで行けると思っていた位置にまったく来ていないし、こんなことでは到底、これからも行けないんじゃないか」と言うんです。では、いったい何を目標にしているのかと聞くと、尊敬している人、しかもいわゆる世の中に名前を残しているような人を超えたいという夢を持っているんです。大きな夢を持つことは、自分の励まし方として大切だけれども、死して認められた偉人も少なくないわけで、常に常に届かない目標に自分の夢を描いていたら、自己嫌悪にもなるだろうし、達成感も得られないと思います。

私は子供のときから「尊敬する人はだれ？」と聞かれる度に、すごく困りました。たとえば「キュリー夫人」と答えようと思っても、科学者で勉強が好きで、ひたすら研究していて、でも「偉人と言われたのは時代背景の中で、たまたまうまくいっちゃっただけかもしれない」とか思ってしまって言えませんでした。だって時代も違うし、国も違うし、状況も違う中で比較対象にしても意味がないし、そこを目標にはできないと思いませんか。

それに「明日はわからない」と私は思うんです。自分が大好きで精一杯やってきたことが、たまたま時流に乗って大きな成果につながることだってありますよね。棚からぼたもち的に何が落ちてくるかわからないし、そういうタイミングがいつ回ってくるかなんて、だれにもわからないと思います。わからないことを心配しても始まらないし、そこでクサッてもしようがないと思いませんか。読めない将来を予測して不安になる必要はないし、それより今、何ができるかを考えたほうがいいと思うのです。

人間、向上心をもって上をめざすと気持ちが焦るあまり、目先の障害物をずるして通りたくなるときもあるのかもしれません。乗り越えるという快感がどうしてわからないのでしょうか。何かをなし遂げるために乗り越えたときの快感こそが達成感なんです。結局は自分との対話でしかないと思うのですが、ずるいことを考えたり怠けるのではなく、毎日の積み重ねの中でチャンスが来たときにそれをちゃんとつかめるかどうか。強運になるかどうかは、そのタイミングにスタンバイができているかどうかだと思います。目標の正しい決め方というのは低すぎてもダメだけど、高すぎては達成感がないという点で、もっとダメだと私は思います。達成感というのは実はとても大事なんです。

私は生活もエンジョイし、仕事でひとつの形も残せて、ストレスを感じずに快適でいたいと思っています。この平均値を求めなければならないから、どこかで突出することはできないかもしれません。だけど、私が求めているものは突出することではないから、そこに不満や不安を感じることはまったくありません。

私は、服をつくるときにいちばん先頭を歩こうとは思っていません。私は、前から三番目でいい。一応、入賞圏内ですし、実は前から三番目のほうが、より大きな層に必要とされていると思いますし、達成感も、より大きい気がします。一番、二番、三番と比べればランクダウンしているみたいに聞こえるかもしれないけれど、人それぞれ必要なものは自分の位置によって違うわけだから、それは比較対照できるものでは本来ない、と私は思っています。

一方で、評価とは、勝手にあとからついてくるものではないでしょうか。評価を期待したり、評価を達成感の基準にしても意味がないと思います。だから私は、他人からの評価を期待したことがありません。ほめてくれることよりも、私がつくったものを実際に買ってくださるかそうでないかが、いちばんシビアな評価だと思っているからです。

ただし、世の中って、ひとりでできることなんてほとんどないから、何かの形で人とかかわる以上、自分に賛同してくれる人、自分を評価してくれる人は大切にしたほうがいいと思います。自分に対しての評価を素直に聞ける相手は大事だからです。しかもどうせなら、苦言は10のうち1ぐらいで、9はほめてくれる人なら最高ですよね。

日本ってみんながまんして、がまんした挙げ句に思いどおりに行かないと、その原因が自分にあるんじゃなくて周りにあるんじゃないかというふうに物事をとらえる人が多いのかもしれません。自分に原因があるのに人のせいにするから、成功した人と接点を持ったときに相手をうがった見方をしてしまうのではないでしょうか。人の幸せを喜べない人がすごく多い国じゃないかと、一歩外から見ると感じてしまいます。アメリカ人は、人が成功したらそれに参加して、私にも分けてほしいとはっきりと言ってきます。だから、成功している人をすごく称えるし、「すごいわね、素晴らしかったわ」「あなたならやると思ったわ」「よかったわね」ってみんなが握手をしに来ます。それは「私にもチャンスをちょうだい」という意味も含まれているのですが、それが全然いやな感じではありません。逆に、日本に帰ってくると同じことが「何かうまいことやったんでしょ」みたいな話になってしまうことが多いように感じます。そう言ってしまうのは、その人が幸せではないからなのかもしれません。

今、自分の27、28歳から34、35歳という時期を思い起こしてみると、流産を繰り返したり、厄年に子供を産んだりということはあったけれど、そのことに迷いを感じたとか、将来に不安を感じたというのはまったくありません。不安とか迷いとか、そんなことを考える暇もないほど毎日が忙しかったし、そのときそのときで、ベストを尽くしたと本当に自分で思えるからです。

「大好き」という気持ちが快適さにつながる

ニューヨーク郊外のスキー場で初めてスノーボードを間近に見たときのことです。今は街もスキー場も、スタイルがすっかりカジュアル化しているのを実感すると同時に、私は自分が快適で楽しくあることにどんどん集中しているると感じます。そのせいか、行動半径も交際範囲も枠が外れて広くなっているように思います。40代でスノボを始めましょう、なんていう友達が同年代にいなくても、20代に友達がいればあたりまえのようにスノボをやっていて、私が「交ぜて、交ぜて」って言えばスノボでもなんでも連れて行ってもらえるのって楽しいでしょ。一緒に楽しむ人は単純に年齢ではなく、興味の対象でわけるほうが快適で自然だと改めて思います。

本を読んで知識を得ることは大事だけれど、もっと興味が深まったらやっぱり体験してみることをおすすめします。いい匂いって、嗅いだことがなければわからない。おいしい食べ物は、食べてみないとわからない。着心地のいい服も着たことがなければばわからない。いろいろなものを体験して、また新しいものが生まれてくるし、自分がどうしたら快適かということがわかってくると思います。

たとえば私は飛行機に乗るなら、できればいちばん前の座席が好きで、しかも隣に人がいないのがベストとか、ホテルの部屋はバスルームに窓がついていて、しかもベッドは東枕に位置していてほしいわけです。でもこれは、いうなれば私のわがままなんです。だから、このわがままを実現させるためには、ベッドの位置を変えてもらうとか、いろいろな手を加えなくては無理なのです。いろいろな手というのは個人的な人脈やコネクションが必要で、自分の欲求度を理解した上で快適な暮らしをするためには、やっぱりポイントを押さえなくてはダメだと私は思います。

偉い人を知っているということは、あまり意味のあることではありません。確かにここぞというときは強力ではあるけれど、いつも上からの命令系統では、現場は気持ちよく動かないものだと思いませんか。たとえば、ニューヨークのダウンタウンの駐車場では、オーナーを知っていることよりも現場の若者を知っているほうが、よっぽど臨機応変に対処してくれるし意味があることなんです。快適であるために押さえるポイントがトップなのか現場なのか、その範囲を知っていること。それでこそ、より快適さを追求できるのだと思います。

ただ勘違いをしてはいけないのは、何か目的のために親しくなろうと思うことです。これをしておくと得だとか考えてすることは、なぜかばれるものだと思いませんか。駐車場の若者は私がチップをくれることだけではなくて、いつもフレンドリーに会話をしているとか同じ目線で親しくしていることを感じてくれているのだと思います。私は一所懸命働いている人はすごく好きだから、そういう気持ちが相手に伝わるのかもしれません。

そういえば、アメリカ人って、「私、あなたのこと大好きだわ」ってすごく言うんですね。あれは、確かに気持ちよさにつながっていると思います。仕事でもなんでもうまくいくときって、相手のことを大好きで尊敬している気持ちが先に立つときだと思いませんか。すると相手もすごくノッてくれてうまく進む。こういう気持ちいい波長って絶対に伝わるものだと私は思います。

私は、特別に英語がうまく話せるわけではありません。でも、英会話学校に行かなくても、海外で会話に困ったことはないかもしれません。英語に限らず、フランスではフランス語、イタリアへ行けばイタリア語に自然と頭が切り替わるのです。その土地での言葉がしみてくると言えばいいのでしょうか。興味をもって聞いていると、相手の言葉がわかります。私はすごくおしゃべりが好きだから、なんとか自分の気持ちを伝えたい一心で話すと言葉も広がっていきます。言葉はあくまでも道具なんです。文法が正確でも、気持ちで言葉が広がっていかなきゃ意味がないと思います。あなたと話すのが楽しい、あなたにわかってもらいたい。その気持ちが大事なのではないでしょうか。

すごく無理を頼んでいるのだけれど、イヤな感じがしないという頼み方もそれに近いと思います。快適に食事をしたり、飛行機に乗ったり、買い物をしたりするコツは、実はそういう頼み方かもしれません。そのコツは、ひとことでは言いがたいものがあるのだけれど、私自身、物をつくり、お客さまに販売する立場と経験から、まずその店なり物なり人が好きだということがすごく伝わってくると相手にNOとは言いにくいというのはあると思います。

あるいは、こちらが何かミスをしたときに寛大に許してくれると、その何倍も返したくなると私は思います。クレームにもつけ方があって、許せない気持ちはわかるけれどネチネチ言うのではなくて、さっぱり言ってほしいと思いませんか。そこでうっぷんをぶつけたって、あまりいいことはありません。相手がどうしてそのミスをしたかということが理解できれば、それ以上追い詰める必要もないわけです。根底に好きという気持ちがあれば、最後は笑って終わることができると思います。

私は初めて行くところでも、ずっと通っているところでも、比較的どこへ行っても周りに気をつかってもらえる得なタイプだと思います。快適でいたい欲求が強いから好きだと思うことは好き、いやだったらいやだとはっきり言うし、怒るべきときにびしっと怒る。だからみんなが気をつかってくれるのではないでしょうか。すると、ますます快適になるから好きと言うことが増えていくんです。人からは、それが強運に見えているのだと思います。

快適に暮らすということは、「大好き」という気持ちをたくさん持って生きることなのかもしれません。

足りないのは気合と想像力

近ごろ、社員の採用面接をしていて感じることがいろいろあります。こうすると大人にウケるということをちゃんと考えてしゃべろうとする人ばかりで思い込みに欠けるから、話していると物足りないと思ってしまうのは私だけでしょうか。なんで自分が働くのかという「核」になるところが見えてこないこともすごく気になります。

新人の採用面接をすると、みんながみんな紺かグレーか黒のいわゆるリクルートスーツを着てきます。あまりにも想像力に欠けるそのスタイルを見ていたらなんだか腹が立ってきて、二次面接に来る人全員に担当者から電話をさせました。「面接当日はあなたが初めてのデートに着ていく服でお出でください」と。すると、それぞれの個性が見えてきてガラッと変わりました。

この会社に入りたいのだったら、どうして会社のことをもっと調査しないのでしょうか。こういう格好をしなければ会社には受からないなんて勝手に決めないでほしいと思います。私は服を、しかも快適で着る人に自信をもたらせるための服をつくっていますから、紺、黒、グレーという色ほど素材のよしあしが出る色はないと知っています。そして、マニュアルや既成にとらわれずに「好き」を形にする仕事をしていると自負しています。だから、もっと「私はこういう人間です」ということをアピールしてほしいと思っているんです。

社会とか価値観とかは変わっていくのだということをもっと考えたほうがいいと思います。まして、変えていくのは自分たちなんです。過去の価値観で自分を塗り替えていったら、それはもう違ってたりするのではないでしょうか。就職活動の情報誌やマニュアル本を読んで、そこに自分を当てはめようとするから、なんか違う匂いを感じてしまうんです。それはあなたではないでしょう？　と。私から見ると、昔のパターンねって思ってしまうことがよくあります。あなたの時代はもっと違うものを見せてと思います。それと、ネットでの情報交換やコミュニケーションに慣れているせいか、人の顔を見てちゃんと話せないのも共通しています。本気でやりたいという気合とか気迫をもっと身につけて来てほしいとすごく思います。

本音で意見を言っていいんです。だって、あなたの一回しかない人生なんだから。

それで入れない会社なら、ほかの会社を選ぶのも自分だと思えばいいだけなんです。本音を言って間違っていたら、間違えましたと認めて直せばいいんです。でも本音を出さなければ、自分が間違っているか、間違っていないかさえだれも教えてくれません。まず、自分の意見を言うことです。いろんな人に聞いて確かめてみることです。それは決して自分にとって損ではないことだと私は思います。

会社に勤めているからといって、会社のイエスマンである必要はまったくありません。私が社員を必要としているのは、私とは違う意見を言ってくれる人が必要だからです。私と同じ意見なら、私がいれば済むことではないでしょうか。いろんな意見を言ってくれる人がいて、私が気づかないところも押さえてくれることのほうが大事だと思っているんです。

想像力だってもっと使ってほしいと思います。たいていの職種は想像力があるほうがいいと私は思っています。たとえば、ショップの販売スタッフに必要な資質を問われたら、私は迷わず想像力を挙げます。店内にいて、お客さまが何を望んでいるかはよく見ることと想像力を働かせることの両方で計り知るものです。声を掛けてほしいのか、今は放っておいてほしいのか、次は何を見たいと思っているのか……。経験もさることながら想像力をもっての接客こそ、お客さまが快適に過ごせるカギだと思います。

ただし、単純作業を繰り返すことが多い職種は、想像力が効率を下げることもあるかもしれません。というのは、私は想像力がたくましいし、いろんなことが気になってしまうタイプなんですが、いわゆる知能テストや適正検査のクレペリンテストなどはすごく苦手なんです。子供のときから数字を書いている途中で、このテストで何がわかるのかしら、どうして答えはこの中からしか選べないの、と想像しているうちに時間が来てしまうのが常でした。先生には、考えずにやりなさいと言われてしまうのですがやっぱり考えてしまうから、テストでは知能指数が低い結果ばかりなんです。自分のことで考えると、想像力が活かせるクリエイティブな仕事は私のようなタイプに向いていると思うし、作業の効率を第一に考える仕事はもっと得意な人がたくさんいると思います。

自分は何が好きなのか、何が得意なのかをもっと突き詰めてから仕事を選んだほうが楽だとは思いませんか。本当は仕事としては好きなわけじゃないけど、将来の生活が安定しそうとか、内定をもらうと自慢できそうとか、そういう気持ちは捨てて、なんのために働くのかを純粋に考えてほしいと思います。私が働く基本にあるのは「自分の人間としての尊厳を損なわない」ためです。私にとって尊厳とは何かというと、自分で自分のことが決められること。次が自分の力で食べていくことができて、住むところも着るものも自分の力で得ることができること。自分の足でしっかりと立つことが私の守る尊厳なんです。だから、働かない人生なんて考えられません。人間、生きていれば途中で病気もするし、事故に遭うこともあるし、結婚だ、出産だと思いどおりに時間を使えないことだっていろんなことが起きるわけですよね。でも、やり続けられることはとにかく好きなことだけなんです。それを仕事にしないで、いったい何を生涯の糧にするというのでしょう。

面接をしていると、人の人生を垣間見ているみたいでとっても興味深いんです。この子はこうなるんだろうな、この子はこう行くんだろうなというのが会っていてすごくよくわかります。ただ残念ですが、共通しているのは本当に好きなことを真っ直ぐやっていないということです。本当に好きなことをだれもが見つけて、働く「核」にしてほしいと思います。好きなことを石にかじりついてでもやるという気迫で自分をアピールしてほしい。できれば、想像力をもって臨んでくれることを期待しています。

努力の回り道はしない

今の若い人たちは結構、努力していると私は思っています。でも、どこか的が外れている。表現力が未熟で、物事をすごくわかりにくくしていると思います。相手にいったいどうしてほしいのかを具体的にきちんと表明すべきだし、仕事の交渉をしているのだったら、相手にとってのお得なポイントをわかりやすく説明しないとビジネスは成立しにくいと思います。

まず、何がそのときどきでの伝えるべき最優先事項なのかが判断できていないのではないでしょうか。目的とか現状とかの確認作業が甘いのだと思います。確認ができれば自然と判断もできるんです。判断ができればタイミングを逃がさず段取りを組むことができて、最優先事項が効果を発揮するのです。段取りとタイミングが組めないと何もきちんと完成しないものだと私は思います。仕事と料理ってすごく似ているものがあって、どちらも場所をわーっと広げちゃうとそれ以上物が置けなくなって、結局狭い隅っこで作業するから効率が悪くなったり、物がなくなったりケガや事故が起きるわけですよね。だから、できるだけスペースを広く取って、むだな物はどんどん捨てながら進めていく作業が必要なんです。必ず味見をするように、自分がやったことを確認して次に行くことです。

時には、自分の最優先事項が相手にとって興味のない場合だってあります。それは相手にとってお得な話にならないだけでなく、失礼になってしまいます。だから、相手の顔を見ていてつまらなそうにしていると思ったら、その件はもうやめる。もっと、相手が興味を持ってくれるように、推考する必要があると判断したほうがいいと思います。

相手を説得するのに話し下手では努力の回り道です。だらだら説明していては興味を持ってもらえません。じゃあ、話し上手って何かというと、話す手順が決まっていて段取りがいいことです。最初にこの話、次にこの話で盛り上げて、核心となる話で一気に落差をつけて印象づける。で、決まったらその話は長引かせずさっさと終わらせるというめりはりが大切だと思います。料理を出す順番と同じで、どうやって相手に感動してもらえるかという目的をもったプレゼンテーションなんです。そう考えれば、相手の反応が情報となって味を変えたり出す順番を変えたりできます。

そのとき大切なのは感受性だと私は思います。ここで感受性がなければ、相手がつまらないと思っていることがわからない。相手が不愉快になるかもしれないとか、相手が自分に何をしてほしいと言っているのかを理解するのにも、この感受性はとても必要なものだと思います。「鉄は熱いうちに打て」とことわざにもあるように、相手の気持ちが盛り上がっているときを押さえて決めないとタイミングを逃してしまうと思います。こういうことをひとつずつ積み上げていく訓練が、実はできていないのではないでしょうか。

情報が入ってこないと次のアイディアとかバックアップは取れません。今が楽だからとか、これでとりあえず形になっているから、で止まっていたら次がありません。電気製品や技術が常に進歩するように、情報も進化します。新しい情報が出てきたときにきちんと押さえることがすごく大事なんです。常に向上心があって、いろいろなことに興味があれば結果的に、ここは危なそうとか、問題が起きそうだとか、判断に必要な情報が入ってきてバックアップも取れることになるんです。

ただし、バックアップとはあちこちに同時に取っていくのではなくて、順序と筋を通してから、きちんと進めていかないと誠実でなくなってしまいます。そこで勘違いしないほうがいい。常にバックアップを取っている人なんて、たとえばこの彼がダメならこっちの彼、とふたまたをかけるみたいで潔くありません。これがダメだったらすぐに然るべき手が打てる「情報」を持っていることとは、大きく違うと私は思います。

情報といえば、私は見かけより、すごく数字が好きなんです。だってウソをつかないものですから。数字って、操作しようと思えば操作できると思うかもしれませんが、どこかで必ずつじつまの合わないことが出てくるから、すごくわかりやすいし面白いんです。たとえば売り上げが落ちてきたとか何かをカバーするためにだれかが数字をいじっていたら、遅かれ早かれわかるものです。数字の見方って、横から横へ見ていてはダメで、数字の入りから出までを追いかけるんです。一直線に上から下に見ていくと、おかしいことがあれば絶対にどこかで出てくる。そういう問題ってどう言い訳しようと、何を説明しようと「数字だけ言って」と、日にちと数字と時間の経過を聞けばピンと来るものです。数字って感情的な説明が介入しないから、裏付けを取るのも本当に簡単だと私は思います。

利益を出すということは、入ってくる金額を増やすか、出る金額を減らすか、それしかない。本当にすごくシンプルなんです。出る金額を減らすことの一番のコツといったら、まずむだをなくすこと。必要なものが本当に必要かどうかを検討することもむだをなくすのにつながると思います。それと交渉事では、お金の話というのはあとから言ってはダメ、最初に言うべきことです。自分が会社からまかせられて動かせるバジェット、予算が与えられているなら、その範囲内でならどう裁量してもOKですが、1円でもはみ出れば、決定権のある人に許可をもらうことは鉄則なんです。だって、あなたの財布ではないのですから。そして、支払う相手が怒らない範囲でギリギリまで接点を見つける。それでもう、かなり出は減ると思います。相手を怒らせないように、なおかつ、1円でも減ればいいんです。本当に塵も積もれば、で「1円でもいいから出費を減らす」、その感覚を全社員が持っていたら、すごい利益が出るものです。

物事って実はすごくシンプルだということがわかれば、むだな問題は起こりにくくなると思います。気持ちよく、快適に働くためにも、努力の回り道はしないほうがいい。私はそう思います。

今の自分に合うものを選ぶ

女のコたちが「かわいい」よりも「かっこいい」と言われたくなったのはいつからでしょうか。残念ながら解散してしまいましたが、SPEEDというグループのインタビューを読んだとき、10代前半でなんのてらいもなく「かっこいいと言われたい」と言い切っていたのがすごく印象的でした。「歌もダンスも、すごく好きだからがんばる」という気持ちが顔つきに出ていて、「仕事だからがんばる」みたいな計算や悲惨さがない。あのコたちは確かにとてもかっこいいと思いました。

私の世代も、その後の世代も、女のコは断然「かわいい」がテーマでした。そんな中、意外と思われるかもしれませんが、私は子供のころから、「かわいい」と言われることにとても抵抗感がありました。「女のコらしい」なんて言われると、人に媚びているようでバカにされた気がしたものです。「私は外見で損をしている」と思っていたから、いつも男のコみたいな格好をしていました。でも、ショートパンツでネクタイにジャケットなんかを着ている写真を今見ると、ほほえましくて自分でも笑ってしまいます。「つっぱってたなあ」と思って。だから、潔くて、人に媚びていないことを「かっこいい」と言い切れるSPEEDのコたちを見たとき、私は早く生まれすぎたかしら、なんて思ってしまいました。

子供のとき以上に、大人になってからの身長や体型は、その人の雰囲気にすごく影響するものがあると思います。私は155cmと小柄ですし、ルックス的にスウィートな服でも無理がなかったりします。でも、メンタルなものはかなり辛口なのですから、実際に会って話をしてみると、「写真のイメージと全然違う」と言われることがすごく多いんです。これは決して、うれしいことではなくて、自分を正確に伝えたいのに写真では何か構えているのだろうか、と思うんですね。だから、もっときちんと自分自身を伝えたいと、改めて強く思います。

自分のことをいちばん知っているのは自分自身であるべきなんです。人が自分をどう見ているかではなくて、自分で自分をどう見ているか。これが基本だと思います。たとえば「私はこの場にそぐわないんじゃないか」「私の格好は浮いているんじゃないか」と、相手はそんなつもりはないのに自分から引いてしまう。で、「私をバカにしているんだ」と感じてしまったり。あるいはそう人に思われたくないがために、自分の身の丈以上のものを無理して買ったりしてしまう。これは、自分で自分をバカにしていることだと私は思います。

では、どうすれば今の自分に合うものを選ぶことができるのでしょうか。ひとつは、自分のキャリアや生活に合った物の買い方を学ぶことです。いつまでも、若い人と同じような服を着ていたり、変に落ち着いた服を選んでいませんか？　私は、服というのは自分にとってよりよい効果をもたらし、今の自分をフォローアップするためのものだと思っています。流行だからとかあの人が着ていたからこの服を着たいというのではなく、どういう価値観で、どういう生活をしているからこういう服がいる、と選ぶものだと思っています。服で人をおどかす必要はなくて、人が見たときに気持ちのいい印象を与えられるようなもののほうがいい。現状を受け止めてポジティブに選ぶことが必要なんだと思います。それは突き詰めていくと、キャリア服とか通勤着を選ぶのであれば、なぜ自分は働いているの？　仕事は何をしているの？　なんでこの服を着たいと思うの？　あるいは、なぜ子供を産んで、子供とはどういうかかわり方をするの？　というところなくして服は存在しないものだと私は思っています。もちろん、服はきっかけにすぎません。一歩踏み込んで考えてみる。それが、自分を知ることにつながると思います。

私は、社会に出たばかりでお金のないときは、お金の無いなりにエンジョイしようと思っていました。一所懸命新聞のちらしを見て、どこのスーパーが安いか一覧表をつくったり、粗大ゴミの中に何か使える物がないかと、朝早く、ゴミ捨て場に行くのも大好きでした。あのとき拾って自分でペイントした三面鏡が、いまだに実家にあります。これは、今の私にとってとてもいい思い出なんです。

物を買うというのは、手に入れるだけのことではなくて、どういうプロセスで、どういうふうに手に入れたかというのがすごく重要なことなんです。新人時代に無理して高い服をローンで買って似合わなかったり、アフターケアにお金がかかりすぎて、結局維持できなくなってしまうことが自分の思い出だとしたら私は悲しいと思います。無理をせず、かといって卑下する必要もない。この感覚が大事なんだと思います。

そして、もうひとつ。買い物は絶対にひとりのほうがいいと思います。どんなに親しい人や親姉妹でも、一緒に行く人だって自分の買い物をしたいはずですよね。ふたりで行くと、必ずどちらかのペースになってしまう。お金を使って、気を使って、最後に買い物を失敗していたらしょうがありません。

自分で決められないような買い物は、やめたほうがいい、というのが私の持論です。迷うなら、やめて正解。買いそびれたからといって、大した問題ではありません。買ってしまって悩むより、買いそびれたほうがいいんです。また次に欲しいものが必ず出てくるのですから。

自分がどうしたいのか、一番大事な基準を自分で決めることです。もっといいものが出てくるんじゃないかという気持ちは迷いを生むばかりです。私は、何をするときもそのときにいちばんいいと思ったものが自分にとっていちばんいいものだと思います。あとからいいものが出てくるかもしれないとは思わないのです。買い物は、自分を認識するとてもプライベートなこと。自分のステップを確認しながら、物の格に無理せずに買うということが大切だと思います。

トラブルは「ラッキー」と受け止める

何かトラブルが起きたとき、みなさんはどうしていますか。それが大事件だとしたら、自分はなんて不運なんだろうと落ち込んだり、取り返しがつかないと思ってとても感情的になったり、面倒が先に立って逃避したくなったり、あるいは私のようにどう対処して解決するか、に燃える人もいるのではないでしょうか。私は、トラブルのない人生なんて本当につまらないと思っているんです。大事も些細なことも、一個ずつ解決するノウハウを考えて実践することは、すごく気分がいいし、とてもエキサイティングだと思います。

実は先日も大事件勃発で、急遽ニューヨークに戻らなければならないことがありました。カタログ用の写真にきちんと写っていないものがあって再撮が必要になったのです。原因は機材のシステムに問題があったのですが、一から仕切り直しをすることになって時間も費用も損害です。でも、私はラッキー！　と思いました。実は撮影中、洋服とモデルのイメージが思っていたのと少し違うかなと感じるカットがあったのに、今回はこれでも悪くはないし、まあいいかと流して進めてしまったものがあったからです。そうしたら案の定こういうことが起きて、これはここでやり直せということだなと私は痛感しました。しかも、不思議なことにトラブルは私が気になったものにだけ起きているのです。自分が納得できるものにやり直しをできるチャンスが与えられたわけですから本当にラッキーだと思います。費用はまたかかるけれど授業料だと思えばいいし、やり直せてよかったという気持ちのほうがずっと大きいのです。やっぱり自分の直感や気持ちみたいなものを流してはいけないんだなあと反省する機会にもなりました。

一方、問題のあった機材のメーカーに対しては、かかわっていた撮影スタッフが自分のミスかもしれないと傷つかないように、きちんと対処しました。なぜ今回のようなトラブルが起きるのか、本社の研究所に連絡をしてデータや写真など現物を渡して調べてもらったのです。別に悪意があってやったことじゃないのはわかっているし、こちらも撮り直すことをポジティブに考えたいと伝えたら、とても真摯に対応してくれて、トラブルの原因を突き止め、ミスを認めてくれました。

このとき、もし私が威圧的に損害賠償を請求したり、感情的で攻撃的な姿勢を見せていたら、果たして向こうはミスを素直に認めたでしょうか。おそらくガードの態勢をとって、原因がわかるまでにとても長い時間をかけて訴訟問題にさえなっていたかもしれません。それは、だれも望むことではありませんよね。交渉というのは、相手が脅されてやったと思ってはダメなんです。私利私欲だと思われてもダメ。世のため、人のため、よかれと思ってやっているという姿勢を伝えることがすごく大事だと思います。今回の場合だったら、使用テストや実用データ上の詰めが甘かった部分もあるけれど、善意の気持ちで対処することによって、研究や技術が進歩していくのだと私は思っています。

交渉事は、相手の出方を見たほうがいい場合もあるけれど、基本的にはトラブルがあった場合は即対応したほうがいいと思います。そして、できるだけシンプルにこちらの意図が伝わる相手を選ぶことです。私は回りくどいことはいやなので、問題の大本に話をするのが好きなんですね。機材を購入したショップではなく、メーカー本社のお客さまセンターでもなく、メーカーの研究所に直接連絡をしたのもそれがいちばん速いと思ったからです。相手のプライドを傷つけずに、こちらの問題に対してやる気になってもらって、しかも相手が自分で結論を決めたと思えて、初めて交渉は成功といえるのではないでしょうか。

今はひとりっ子が増えているし兄弟も少ないから、なんでもすぐに与えられてしまうことが多いと思います。幼いころから机やベッドやおもちゃをとりっこする経験が少ない。だから、交渉能力が欠けてきているのでしょうか。私は女ばかりの3人姉妹の真ん中だけど一番要領はよかったと思います。机だって一番いい場所を取ってしまうし、部屋だって一番大きいところ、自転車を買ってもらうのも最初だったけれど、それはぼーっとして手に入れたわけではありません。いかに親に交渉して勝ち取るか、その訓練を小さいときからしてきたつもりです。今の仕事にはもちろん、どれだけ役立っているかわかりません。子供が欲しがっていないのにむやみに与えることは、実は生きていくうえで大切な交渉方法を学習する機会を親が奪っていることにもなるのです。自分が何かしてあげなくちゃと子供に立ち入りすぎることよりも、大事なことは何が起こっても自分で決めたことなら自分でなんとかする経験を子供にさせることだと私は思います。

脱線やトラブルはたくさん経験したほうがいいんです。そのときどきで自分が何を決めてどう責任を取っていくのか。その経験こそが自信になるからです。みんながよかれと思ってやっていても、結果的にトラブルが起きることだってあります。そのとき互いに誠実に話をして、だれにとっても不本意にならない方向にもっていくためには、かけひきや警戒心のない本音が必要です。それにはやっぱりゆとりが大切だと私は思います。みんながぎりぎりで動いていたら、ミスが起きたときにもうあとに引けない状況になってしまいます。そうなるといい仕事はできないと思いませんか。

その点今回は、次の仕事にいい関係でつながったと思います。再撮はメーカーからのバックアップも万全で、現場のスタッフも本当に盛り上がって、いい撮影になりました。仕事って一回きりではありません。いい人間関係とかいいチームワークができると、今度はどんどん労力や経費が減って、結果いい仕事ができるものだと再確認しています。

責任とは自分自身に対して取るもの

「人に頭を下げるお願いというのは、相手が拒否することが前提だ」ということを自覚している人は、どんどん減ってきているように思います。人に何かを頼みに行ったり仕事のお願いに行く場合は、相手はほかにも選択肢があって、拒否されてもあたりまえなんです。だから、イエスと言ってくれたら、私なら飛び跳ねるほどうれしいし、それに報いるために精一杯やります、ということだと思うのです。だって、頼んでいるのはこちらなんですから。相手に拒否されてあたりまえというスタンスを持っていなかったら断られたときは傷つくと思います。報われないことのほうが当然と思っていれば、報われたときにうれしい。報われて当然と思っているから、報われないときに腹が立つ。こういうシンプルな方程式なのに、どうして、それがわからないのでしょうか。

よく耳にする「責任のある仕事をやらせてもらえない」という不満も、方程式にあてはめると簡単に答えが出せます。「責任のある仕事をやりたい」と頼んでいるのはだれかということを忘れてはいないでしょうか。上司が責任のある仕事を渡してくれないというのなら、それは自分が勝ち取っていないだけのことではないでしょうか。腹を立てる前に、まず自分の説得力のなさを反省したほうが前向きだと思います。上司に自分の能力＝お得感を植えつけられなかった、あるいは、説得力はあったけれど、事情が許さない場合もあるでしょう。そのときは事情の許さないことに対する配慮と謙虚さを持てなかったら傷つくし、傲慢になると思います。また、相手が無理を通してあげようと思うほど、真摯に仕事をしてこなかったのかもしれない。その自分の今までの実績を棚に上げて相手を批判するのは違うと思いませんか。

そもそも、責任のない仕事なんてないと私は思います。何か大きなプロジェクトで、決定責任者になれば責任があって、それを補佐するアシスタントは責任がない仕事というのはおかしいと思います。自分でなくてもできる仕事は責任のない仕事とでも思っているのでしょうか。あるいは、責任のある仕事と決定権のある仕事というのを取り違えていると思います。責任とは自分に対して取るものであって、会社に責任を取るとか、人に責任を取るものではありません。自分がすることはすべて自分自身に返る、ということで責任を取るのだと私は思います。そして、決めているのは、実はあなた自身なんです。

どんな仕事でも、人より完成度を高くやろうと思うか嫌々やるかでは全然違うと思います。完成度というのはとても大事で、それはある意味で、自分の欲求度とか自分の知識とか経験とかを人に表現する方法なんですから、自分を表現せずして人が見つけてくれないというのは違うと思いませんか。自分がまず、表現しなくては。自分が頭を下げに行かずして、人が見つけてくれないというのは怠慢だと思います。頭を下げているのだからもらえて当然というのは、今度は傲慢。怠慢で傲慢な人が増えていると感じてしょうがありません。

人に感謝する気持ちがなさすぎるのではないでしょうか。人に感謝できない人って、結局、巡りめぐって、最後はだれも助けてくれなくなると思います。なんでも自分に返ってくる。やったことも言ったこともすべて自分に返ってくる。このことに気づいた人が成功を手にすると私は思います。だから、早く気づいてほしいと思うのです。自分にもっと誠実であってほしいと思います。人はごまかせるけれど、自分はごまかせないもの。現実から逃避して楽なほうに寄り道したり、意味のないことで時間を使っている暇はない、とすごく思います。

私が羞恥心をもし感じることがあるとしたら、お金のためになんでもしていると思われること、自分で自分がうそだとわかっていること、そして自分が自分に責任をとれないことだと思います。私は20代、30代はフォクシーのために本当に気合を入れて集中していたと思います。それくらいフォクシーをやっていることが面白かったし好きだったのです。親の跡を継いだわけでもないし、何かファッションの賞をもらって始めたわけでもないから、最初から評価されるはずがありません。そんなこと、あたりまえだから別にプライドが傷ついたりはしないし、くやしい思いをしたという感じもないんです。仕事としてうまくいっていると思うけれど、それは自分の直感で正しいと感じたことと、プラス裏付けを取った事実を積み上げて、欲をかかないで一歩ずつ前進してきた結果だと思います。できるだけ最短距離の努力を模索して、世の中の人にちゃんと認めてもらって手に入れてきたと思います。本当にたくさんの人に助けられているし、感謝の気持ちを忘れたことはありません。

そうやって遠回りをしないために、私が経験してきたことを近道としてお教えします、というのが「生きるワザ」です。でも、私が考える「生きるワザ」は、同じように先人たちの「生きるワザ」というアンチョコに出ているものから拾って、私のフィルターを通しているにすぎません。世の中で昔からしてはいけないと言われていることはやらない、人としてしたほうがいいと言われていることはする、自分の直感をもって、新しい常識の概念だと思ったことは、信念を持ってやり続ける。この3つがあれば何も怖いこともなく、自分に納得して生きていけると私は思っています。人生に起こることをひとつずつ自分で決断していくこと＝生きることだと、思わずにはいられないのです。

プロだからこそ仕事に慣れてはいけない

先日、アメリカの雑誌広告用に「NORIKO MAEDA BOUTIQUE」の服の撮影をしたときのことです。今回はアメリカ人チームのスタッフだったので、どういうやり方をするのか、とても興味があったし楽しみにしていました。私からの要望は「とにかく自分の仕事を圧倒的なプロの仕事としてやってほしい」ということだけです。すると、打ち合わせでスタイリストに「お直しはどうしましょう。お縫い子はNORIKOが連れてきますか？」と言われて、なんのことだかわからず、とにかく任せることにしたんですね。

スケジュールの都合で、服のフィッティングは撮影当日、初めてスタジオで行いましたが、私は久々にびっくりしました。お縫い子を連れてきたスタイリストは、その場で服を全部ほどいて、オートクチュールと同じレベルで、モデルのシルエットぴったりにポータブルミシンで直し出したのです。デザイナーの私にその服のシルエットの特徴を確認して、しかも、後で戻せるように生地をいっさい切らないで縫っています。日本だったらサンプルをモデルに着せる場合、サイズが合わないところは後ろでピンでつまむか、せいぜい糸で仮留めして撮影をします。当然無理があるので、変なシワが出たり、シルエットが不自然になってしまうことがあるんですね。でも彼らは完璧でした。ヘアとメークをしている間に1着目はもうできています。全部で6着ありましたが、結局すべての撮影は9時に始めて夕方5時で終了してしまったのです。本気のプロの仕事に私は感動しました。

プロ中のプロの仕事というのは、確かにギャラは高いけれども、クオリティと時間にむだがない。そして、だれも甘ったれていません。他人に依存していないから、自分のパートは責任を持って、みんながプロとしてまさにプライドを持ってやっている。何か気になることが起こっても、こちらが言う前にスタッフのだれかがそれを指摘していて、打てば響くように改善されていく。本当のプロの仕事というのは、こういうことだなと改めて思いました。

今回のお縫い子は、ロシアから来た人でまだ20代でした。ふだんは何をしているかというと、ブロードウェイやバレエの舞台衣装のお直しをしているんですね。確かに、その日に出演する女優やバレリーナが交代することは日常茶飯事。だけど代役の衣装が用意されているわけではないし、激しい動きに耐えるためにはその場で直すしかないわけです。その訓練の中で培ったノウハウと技術がそこにあるのだと実感しました。

アメリカがすごいのは、やっぱり本当にいろいろな国の人が入ってきて、常に競争があることだと私は思います。それがすごくナチュラルに技術を向上させているのではないでしょうか。自然な競争というのは必要なことだと思うし、物をつくる仕事にプライドが持てる基盤がないと、その国の文化は衰退していくと私は思います。日本人の助け合う気持ちもすごく大事だと思うけれど、原点のプロとして闘うという在り方が弱いと、プロとしてのプライドも持てなくなり、成長すべき技術が成長しないのではないでしょうか。それが、どこか今の日本人の甘えになっているような気がしてなりません。

ただし、京都は別だと思います。私が京都を好きなのはプロがいるからなんです。接客のプロ、宿屋のプロ、料理屋のプロ、器屋のプロ、紙屋のプロ……そのことだけでご飯を食べようと思っている人たちはずるくないから、すごくいい気分でいられるんです。そして、片手間にやっているんじゃなくて極めている人たちの話は、自慢や脅しじゃなくて何かうんちくを感じます。「どうして?」「なんでそうできるの?」と聞いていると、成功や運がよくなるためのノウハウが必ずあったりするのです。その自信とプライド——人間としてもプロとして生きていると思わずにはいられません。

自分に自信を持って生きていくすべての基本は、自分で食べていける、ということだと私は思います。それには、なんでもいいからプロになることです。では、プロって何? といえば、他人が正当に評価してお金をくれるということ。プロとして収入がある、そして仕事をもって社会とかかわっているかぎり、何があっても生きていけるのです。プロであることは、年齢も性別も、結婚しているかいないかも関係のないことなのですから。

そして大事なことは、プロだからこそ仕事に慣れてはいけないのだと思います。どうしても人間って長年同じことを繰り返してやっていると、そのことが当然で、なんの疑問も持たなくなってしまいがちです。私はニューヨークと東京の家を行き来する生活スタイルなので、両方にお手伝いさんをお願いしているのですが、日本のお手伝いさんは、私が寝室にいても帰るときいちいち挨拶をして帰ります。だけどニューヨークのお手伝いさんは、プライベートな部屋にいるときは置き手紙をドアの下からすっと入れて黙って帰るんです。挨拶をきちんとするのが日本の礼節だと思っているからでしょうか。自分がだらしないと思われるのがいやで声を掛けるというのは、実はプロとして、相手のことを配慮していないわがままだと私は思います。自分は挨拶して気持ちいいかもしれないけれど、私は寝ているところを起こされたり、電話をしていたら中断するわけですよね。相手の状況を思いやって、黙って帰るというのもプロの感受性だと思うのです。感受性がさびてしまっては技術の進歩も得られないし、新しいアイディアも湧いてこない。時には、自分のやり方だけを推し進めないで、新しいスタッフに話を聞いてみるとか、任せてみるということもすごく大事なのだと思います。

プロは常に評価を受けるもので、そこに止まってはいけない。その道を突き詰めていくべきなんだと思います。私も今回の撮影では、「目からウロコが落ちる」思いの新しい発見がありました。そう、私にとって仕事とは、ゴールも完成もないものだと再確認して、またワクワクしているこのごろなのです。

師匠なんか持たないほうがいい

「私って変わっているんです」と言う人が最近すごく多いと思います。20代の人に特に多いのですが、話してみるとごく普通なのに、自分で「変わっている」と言うんです。私の時代には、「人と変わっている」と言われることはいいことではなかったから、言われたくなかったし、バレたくなかったものです。私だって、変わっているなんて思われたくないし、子供のころから自分は普通だと思っています。でも、今の若い人は逆に「変わっている」と思われたい気持ちが強いようです。「変わっている」ことがいいことだというふうに時代が変わって、自分をよく評価しているつもりなのでしょうか。

私は、20代で会社を興して、わりあいとうまくいったほうだと思うけれども、別にすごく変なことをしたわけでもないし、飛び抜けてびっくりすることなんて何もしていないんです。本当に、普通のことを普通にしているだけで、多分違うとすれば、「わかっているけど、そうは言ってもできないよね」ということをやっただけだと思うのです。特別な情報や難しい哲学なんて何もない。みんな知っている普通のことだけなんです。

もうひとつは、自分がやりたいと思うことだけをやっているから、失敗したらどうしようとか失敗したらかっこ悪い、というのが私にはまったくないのかもしれません。「しょうがないわ、できなかったんだから」で済んでしまうから「かっこ悪い」がないし、元々かっこつける気もありません。

これは中学生のころのことですが、うちの庭でガレージセールをしたことがあります。家中にあるもう着ない服を全部自分で洗濯してアイロンをかけて、クリーニング屋さんからビニールの袋をただでもらってきてかけるというシステムを思いついたんです。それを庭の物干しにディスプレイして、ほかにも御中元、御歳暮、引き出物でいただいて余っていたものを全部庭に並べました。これを「ガーデンセール」と銘打って夏休みに3日間やったら、すごく儲かって当時でなんと30万円くらいになったと思います。

最初、母はみっともないと止めました。「うちが倒産したかと思われるし、恥ずかしいから、お願いだからやめて」と。まだ日本でガレージセールが流行るずっと前のことです。ご近所に恥ずかしいやら、心配でしょうがなかったみたいですね。でも私自身は、好きで楽しくてやっていたことだから、恥ずかしいとかかっこ悪いなんて思ってもいません。結果、いらないものがなくなって家の中がすっきりし、親も最終的には笑いながら「またやったら」と言ってくれました。

あのとき、服がダンボール箱に山積みになってクリーニングの袋がかかっていなかったら、みんなきっと買わなかったと思います。かといってクリーニングに出したら元が取れないから、自分できれいに洗濯とアイロン掛けをしたんです。流行遅れになったミニスカートは、子供用スカートと札をつけちゃったり、工夫もしました。宣伝のために駅前でチラシを配ったり、ポスターをつくって電信柱に貼ったりもしましたが、何かすごく特別なことをしたかというと普通のことばかりだと思いませんか？　人が買いたいと思ってくれること、喜んでくれることを考えるのが好きなだけだったのです。

だから、好きなことを仕事にする、それで食べていこうと思ったら、師匠なんか持たないほうがいいというのが私の持論なんです。服づくりだって、基礎は勉強したけれどだれかに師事したことはありません。私は私なんですから、私流の服づくりを編み出すためには、先入観がないほうがいいと思いませんか。もし、私がフラワーアレンジメントで食べていこうと思ったら、留学はもちろん、フラワーアレンジを習いに行く気もありません。基礎的なことはやっぱり習わないと、というけれど基礎は本から十分知り得るものなんです。だけどテイストは本からは知り得ないから、留学するお金があったら毎日花市場に行って、自分流に美しいと思う花を買ってどんどん実践したほうがよほどいいと思うのです。これだけ情報が増えている時代に、みんなが知っていることを今から習ってもしょうがないと思いませんか。だったら、独学でやったほうが絶対自分のものがつくれると思うし、人より抜きんでるものがつくれると思います。

服飾の専門学校を出て、それなりの賞を取ったけれど就職できないという男の子に会いました。自分のブランドをやりたいけれどお金がないから、資金とノウハウを溜めるためにアパレルの会社に就職したいと言うんです。でも、それは楽をしたいだけですごくずるい話だと思いませんか。だったら、自分でつくった服を一枚でもいいから、買い物に来る人たちが行き交う道っ端で売りなさいと言いました。そこから始めたら絶対自信になるし、ちょっとお金が溜まったらマンションメーカーでやればいいじゃない、と。ブランド、ブランドって言うけれど自分のつくった服に自分の織りネームを付けたらそれがブランドじゃないですか。かっこつけて初めから大層に考えるから難しくなるんです。物をクリエイトする人は、人に学ぶより一から自分で考えたアイディアでやっていったほうがいい。いずれ自分のブランドを、なんて思うより初めからその道に行くほうが絶対早いんです。修行も下積みも、だれかの下で何かをやり続けることって創造力が落ちることが多いと私は思います。そこではその人の弟子でしかないわけですよね。それは自分がやりたい物づくりとは違うと思います。私だって初めはお金もないからいきなりお店なんて持てなくて、車に積んでお客さまのうちへ直接販売しにいく方法をとりました。自分がつくったもののよさは自分が一番知っているから、自分で説明して売ったのが原点なのよと話したら、彼はすごく驚いていました。そして、「会えてよかったです」と意気揚々と帰っていったのです。

想像力を働かせること、それが本当に人とは違う「変わっている」ことではないでしょうか。好きなことであれば、かっこいい、悪いなんて関係ありません。何をやっても食べていけるという自信、それがすごく大事なことだと私は思います。

「自分は何ができるか」がお詫びの基本

日本人は、いったいいつごろから「お詫び」の仕方が下手になってしまったのでしょうか。「それでは謝っていることにならない」と思うことがよくあります。最近も、「悪気はなかったので、ご勘弁を」という言い方をされました。これは、いろいろなところで使われるのですが、悪気があったら犯罪だと思いませんか。謝り方に誠意が感じられないし、愛が感じられないのです。そのとき味わったイヤな思いを何も推し量ってくれていない。いわゆるマニュアルで謝ることほど意味のないことはないと思います。「とりあえず、うるさそうな相手だから謝っておこう」というのはこちらに伝わるものだし、とても悲しい気がします。

私も、お客さまからクレームを受ける立場です。それは私に対してのこともあるし、スタッフに対してのこともあるけれど、「悪気はなかった」とは言いません。故意にやったわけでは確かにないけれど、気づかないこと自体が悪いのですから。だから、とにかく「イヤな思いをさせて、本当に申し訳ありません」と心からお詫びするしかないと思います。そして、「その思いを排除するために私は何ができるか」と考えることが大切なんです。

人間だから、感情的になることもあると思います。でも、時間が経てば気持ちも落ち着くし、そのことを修復したいと思うほうが前向きだと思います。怒りというのは15分以上は続かない気がします。だからまず怒りを聞き、「今後はこういうことがないように具体的にこうします」と納得できる説明をする。そのとき、相手の言っていることがもし筋違いだったら、それを伝えてもいいと私は思っています。相手の言い分が一方的に正しいわけでもありませんから。但し、相手を否定することになるので言い方はかなり難しいと思いますが、誠実に説明することが大切だと思います。

大事なことはイヤな思いを引きずらないで、きちんとコミュニケーションを取りながら、ひとつずつ積み上げていかないと、いい人間関係はできないということです。今の人たちはすごくケンカ下手で、謝り下手。そういう訓練がされていないように思います。子供のころからあまりケンカをしないし、トラブルにも巻き込まれないようにしている。でも、ケンカや揉め事から学ぶことは本当に多いのです。

「言った」「言わない」とか「あの人から聞いたんだけど」といったうわさから発したトラブルは社内で起こりがちです。そういうときの私の解決方法は、名前が出た全員を一斉に並べて「端から言いたいことを言いなさい」と言うんです。本人を前にするとトーンダウンして、「だれだれさんが」と言っていたのが「だれだれさんじゃなかったかもしれないけど」となっていく。「自分で責任とれない発言をしたわけね。立ってなさい」と次々に聞いていきます。最後には全員立たされちゃって、「全員五分五分じゃない。じゃあ、しょうがないから手打ちにして今日で忘れましょう」ということになるんです。社員には、「人のうわさを流すということは何が目的なのか考えてみて。『あの人、悪口言っていたわよ』ではなく、『あの人、ほめていたわよ』なら言ってもいい。話のなかでどこか悪口以外のことも出てくるだろうから、流すならそこを流しなさい」と言います。自分のことを悪く言っていたということを聞いて、うれしく思う人はいません。別に根の深い話ではなくて、単なる意地悪なんですよね。ならば、ばれたんだから謝りなさい、「意地悪してごめんなさい」というだけの話なんです。

そういうことに、私はふたをして終わりにしたくはありません。人間だから、ときどきは意地悪を言いたくなることもある。だったら、その人とはまったく関係のない人に言えばいいんです。会社の中の人脈でそれをやると必ず本人の耳に入ると思ったほうがいい。本人の前で「私、あなたのこと嫌い」と言えばいいのに、その勇気はないんです。ならば、言わないほうがいいと思いませんか。言えないという気持ちがあるのなら、陰で言うような下品な行為はしないでほしいと思います。

優秀な会社が優秀なのは、失敗を失敗でない方向に解決できるからなんです。それは失敗を恐れずに、失敗から学習しているからだと思います。また、よりよい解決のためには上司の導き方も大切です。「どうしてやっちゃったの?」これは意味のない叱り方なんです。子供の教育でもいえることだけれど、子供が悪いことをした後に、どうしてやってしまったかを聞いても、もうやってしまったんですもの、しようがないでしょう。それは「指導する」のではなく、「責めている」だけ。特に、仕事である以上、結果を認識して今はマイナス状況になっているものをどうやってプラスに転じるかという解決策を論議するなら必要があるんです。正しい叱り方は、正しい謝り方と同時にとても大切なことだと思います。

そのためには何が必要かというと、ポジティブな気持ちなんです。そりゃあ、私だってムッとすることはあります。「なんでこれくらいのことがわからないの?」って。

でも、そういう感情をぶつけずに、何をどうすべきかを教えて訓練することで、自分の上司としての価値が決まるものだと私は思っています。

つまり会社は、怒る場所ではなく、極端な話、どうやったらみんなでお金儲けができるかを最終目的として、「その分け前を私にもください」と一緒に働いているところなんです。そして、その分け前は担っている責任と仕事の成果によって分けられています。給料と責任の重さは正比例しているのです。

よく会社で、「報告や連絡をしなさい」と言われるでしょう。「なぜこんなことをいちいち言わないといけないの?」と思うことも多いかもしれません。だからそんなとき、私はこう付け加えるのです。「そこまで給料をもらっていないのだから、ひとりで責任をしょいこむことはない」と。黙っていたら、その責任は自分ひとりで背負うことにもなりかねません。それを、そういうふうに受け止められないから上司のひとことに腹が立つし、ストレスになるのです。

どうすればいいのかを教わり、教えてもらったら感謝をすることも必要だと思います。教えるというのは意外と面倒くさいものなのですから。相手を思いやる——互いに、その気持ちが今は足りないのではないでしょうか。

「落ち込んだ自分」を立て直す色は何？

日本に帰ってきて、私が最初にすることは大掃除です。なぜかというと、「景色が悪い」んですね。電信柱がヘン、看板がヘン。建物の色や形、空間が美しくないから、気分的に疲れることが多いように思います。街だけでなく会社の景色、家の景色も同じです。公共の場所を直すわけにはいかないから、自分の身の回り、まずは目につく室内から整理整頓を徹底的にします。

その一環で、日本に帰ったときに住まいの内装を変える手配をしていったのですが、できあがりを見てとても気に入っています。これは私のテーマカラーでもあるのですが、ナチュラルなベージュを基調とした色と素材でそろえています。

色をそろえるというのは精神安定上、とても大切なことだと思います。私が「景色が悪い」と思うところは色が氾濫しすぎていることが多いのです。「今、自分がイライラしているのはなんでだろう」ということを探ってみると、たとえば人間関係の複雑さにイライラしていたりしませんか。物事は複雑になればなるほどイライラしてくるもの。色もそれと同じで、たくさん組み合わせられればされるほどイライラしてくるものなんだと思います。人間がおだやかでゆったりした気持ちでいられる色、イライラしない色って、あると思うんですね。それは、やはり自然の中にある色、樹木の色、空や海の色……なんだと思います。

そういう意味で、自分は今、何色の中にいると快適かという「自分の色」というのを持っていたほうがいいと思います。たとえば、私の場合はベージュが「自分の色」だなと感じます。ベージュ色の服を着たり、インテリアに囲まれていたりするときは、すごくエネルギーが増してくるし、ナチュラルに気持ちが動くんです。白やグリーンも比較的そうですね。

逆に強く現状と闘いたいときには、赤。あと、私にとって紺はケンカ腰の色なんです。なぜかというと、紺は裁判所に着て行く色だから。小さなことでも訴訟を起こす裁判社会のアメリカでは特に、そういう場では紺に白襟の洋服が誠実さをアピールする効果を発揮します。見た目は清潔感がありながら、気分はケンカ腰、それが紺色です。また、ピンクを着ているときは、違う自分に見せようとしているときで、めったにありませんが「弱腰の女」を演出したいときでしょうか。黒は大好きで結構着ますが、ニュートラルな気分のときが多いと思います。

これは人によって感じ方が違うものですから、「自分の色」を自分で知っているというのがとても大切になってきます。「こういうときはこうすればいい」という特効薬としての色を知っていれば、楽なこともあるんです。たとえば、私の「落ち込んだ自分を立て直す色」は黄色だから、大好きな黄色いチューリップを飾ってみたりする。自分にしかわからないことだけれど、少しでもポジティブな気分になれることは間違いありません。

ただし、「私はこの色が似合う」と決めつけることは、絶対しないほうがいいと思います。似合うって、何を根拠に言っているのでしょう。それよりも、自分の中に、もっといろいろな色があったほうがいいと思いませんか。人間だもの、落ち込んでいる日もあれば、元気な日もあるんだから、自分をどの方向にもっていくかというのに、色を利用すればいいいんです。色というのは、うまく活用すれば、気分を上手に動かせるものなのですから。

色と同じように匂いも今の時代、快適さの要因には欠かせないポイントです。フルーティな匂い、青っぽい匂い、スキー場の雪の匂い、もみの木の匂い、スイートな匂い……いい匂いって香水とかじゃなくてもいろいろありますよね。そして、匂いにはアロマテラピーで実践されているように、頭が痛いとか、気分が落ち込んでいるとか、眠れないといった不快感をやわらげる効果がある。匂いはすごく大事なものだと思っているので、フォクシーでも4つの香りのリラクシング・ウォーターというナチュラルコロンをつくっています。嗅覚は五感のなかでひとつだけ違っていて、記憶を司るのと同じ脳の場所で感じるのだそうです。だからでしょうか、ロマンチックな気分の匂いとか感覚的な表現ができるのも興味深いと思います。

住むこと、着ること、持つことにおいて、そこには必ず「物」が存在しています。そして物にはフォルムと色がありますよね。それをどれだけ自分で選んで、コーディネートしているかが、これからは重要になってくると思います。「とりあえず」で物を買ってしまい、「とりあえず」で服を着て、「とりあえず」で家に住んではいけないと私は思うのです。「とりあえず」はすごくむだですし、そのむだに対しても保管する「置き場所」が必要だということを忘れてはいませんか。どうせ置くなら、自分のテイストをしっかり知っておき、それに合わないものは、「いらない」と言うこと。そう、物事が複雑にならないように必要最小限の物を見極めることが大事だと思います。

価値観はひとつではありませんし、正解もありません。もっと自分の感覚を大切にしてもいいのではないでしょうか。そのためにはむだを削って、自分の感覚を研ぎ澄ますことが必要になってくると思います。こだわりすぎるのも疲れるけれど、チョイスできる幅があるならチョイスしたほうがいいと私は思います。選択の余地がなくて決められないのであれば、「待つ」という選択もあるのですから。

自然の摂理を妨げない

厄年とか大殺界、風水学上の禁忌《タブー》……人によってはピンとこないかもしれませんが、こういったものをなめないほうがいいと私は思っています。特に昔から伝わってきているいることには、やはりそれなりの裏付けや統計的な傾向が明らかにあります。いずれにしても共通することは、「自然の摂理を妨げない」ということかもしれません。

女の厄年は、数えで前厄の31歳、本厄の32歳、後厄の33歳ですが、厄年のころって確かに生理的に体調が変わってきたり、仕事上でもメンタルな部分でも決断を迫られることが多くなって焦るときなんだと思います。だから、昔の人が言った「厄年のときはのんびり過ごしなさい。自発的に何かを始めようとしてはダメ、引っ越しも結婚も転職も避けなさい」というのは、すごく当たっていると思うのです。自分の中で自然な変化が起こるときに、無理に引っ張れば、何か歪みが必ず生じる。つまり、自然の摂理ではないことを無理にしようとすると、結果的によくないことにつながるのではないでしょうか。何事も、厄年の前にしないのであれば、厄明けを待ってからでも遅くはないと思います。

ただひとつ、厄年に女の人がやっていいことは、子供を産むことといわれています。なぜなら、出産は自然の摂理だからです。そう信じて、私はひとり娘を厄年で産みました。よくしたもので、仕事は続けていましたが、妊娠中の大きなおなかではいやでものんびり構えてしまいます。出産後もしばらくは無理がききません。厄年を過ごすには確かに最適な状況だったと実感しています。

私は「これはまずいぞ」ということは直感的にわかるほうだと思います。それが結果的にこうした「自然の摂理を妨げること」を避けてきたように思います。では、どうしたらわかるかというと実はとても単純なことなのです。普通のことを普通に考えて普通にとらえられるかどうか。「変だ」と思うことを「変だ」とちゃんと言えるかどうか。これだけなのです。

直感に従うことは、時には世間を広くも狭くもします。「変だ」と言うことによって相手とのこれまでの関係が終わってしまうこともあるかもしれません。でも、そこでお茶を濁して済ませても、不自然な違和感が残っていい結果にはつながらないと思います。「これは言うしかない」と魂が思ったら、やはり言ったほうがいい。そう言ったことで跳ね返ってくるものがあれば、自分できちんと受け止めればいいのです。そこで得かとか損かとか、計算している中では何も生まれてこないと思います。体はひとつしかないし一日は24時間しかない。その中で世間を広くしなければならない理由もないし、直感に従って狭くなったとしても、それも自分の人生だと私は思っています。

私は、小さいことから大きいことまで決断することが毎日いくつもあります。それらは直感で一瞬で決めることがほとんどだと思います。人生は決断の連続かもしれません。決断とは、自分に対する決断です。決断することは強運への近道にもなると思います。では、どうすれば決断力を磨けるかというと、覚悟を決めること。自分で決めたことに責任を取ることだと思います。

ただし、若気のいたりで傲慢になることは気をつけなくてはいけないことだと思います。若いからなんでも許される、若いから清らかで欲がなくて正しくて美しい、なんていうのは大きな勘違いだと思います。「若い」と言われるのは決してほめ言葉ではないと私は昔から思っています。若いというのは未熟であること、つまり相手からなめられている、馬鹿にされている気がするからです。それをほめ言葉と勘違いする人は、若さの傲慢さなんだと思います。

若気のいたりという傲慢さは、近ごろはプライドの持ち方を取り違えている人に多く見られます。子供のときにきちんと怒られたことがないから、自尊心の基準が違ってしまったのではないでしょうか。「親にも怒られたことがないのに」という言い方をする人が多くなっていると思います。これは、すごく恥ずかしいことなのに、自分の自慢のひとつのように言うんですね。実は親にも怒られていないぐらい、粗雑な育ち方をしたということなのにそれに気づいていないのです。だから、なぜ自分が怒られたかという理由以上に自分自身を否定されたと思い込むなど、怒られ方も下手だし、そういう人は怒り方も下手だと思います。

私も、若気のいたりで今思うと恥ずかしくなるほど傲慢になったこともありました。その経験からいって、若さの傲慢さにもっと早く気づけば、道は開けるのにとすごく思います。若さの未熟さを自覚してそれに甘えず、自分の直感を信じること。相手を全面否定することを目的にするのではなく、特に目上の人には尊敬の念を持って意見を伝える謙虚さを失ってはいけないと私は思います。そのほうが結果的に真意が伝わりやすい、つまり無理から生じる歪みが少ないのだと思います。

強運体質になるためにもうひとつ実践していることがあります。私は、朝起きたときにいつも思うことは、「今日は何があるんだろう」という期待です。自分の一日のテンションを考えると、朝日を見ることができたかどうかは私にとってはすごく大事なことです。朝起きて、カーテンを開けて、朝日を浴びることは脳細胞に対してもすごくいいと聞いています。朝、太陽の光を浴びるとぱっと脳にスイッチが入ってそこから活動が始まり、人間はこれぐらいの時間帯で眠りにつくとインプットされるそうです。そういう意味では、私はすごく自然の中で体に無理をしないで生活していると思います。だから、これだけ時差のある国をあちこち移動しても無理を感じないのだと思います。夜眠れない人というのは朝日を見ない人が多い。だから自然のタイムスイッチが入らない。遅寝遅起きの人は、朝日の刺激を受けないから体内時計がどんどんずれて体も疲れていくし、いつも寝不足みたいな気分で、エネルギーも集中しないから強運にはなれないと私は思っています。早起きは三文の得と昔から言われるのは、そういうことが自然の摂理でわかっていたからではないでしょうか。

言うべきときにきちんと意見を言う

娘がニューヨークで通っていたメリーマウント・スクールの運営ボランティアに今も携わっている私は、先日、日本から交換留学で来た女子高校生10人と数週間、一緒に過ごしました。朝ご飯を一緒にしたり、スピーチをしたりミーティングをしたり、いろいろ話をして思ったことは、「やっぱり日本の子って自己主張がない」ということです。食べたいものを食べたい、行きたい所に行きたいと言ってはいけないと思っている。周りから浮かないように気を使っているから、みんなすごく疲れているんです。真面目なんだけれど、殻があるようで窮屈な気がしてなりません。

私は「イヤと否定することは、わがままだ」と社会や教育でインプットされている彼女たちにこう言いました。

「ポジティブ《肯定的》なこともネガティブ《否定的》なことも、まず自分の意見を言ってみないと事は始まらない、というのがアメリカの教育なの。自分が言ったことに対して相手が意見を返してコミュニケーションが生まれる。いやなことに変わりはないけれど相手の意見を受け入れて納得してやるか、やっぱりつっぱねると選択するかでは、何も言わないまま、がまんしていやなことをやるという選択しかないことと大きな違いがあると思わない?」

言うべきときにきちんと自分の意見を言って、なおかつ大人というのは、自分の言ったことに責任を持つものだということを覚えたほうがいいと私は思います。言うべきときにイヤと言えば、相手に怒られるかもしれないけれど違う方法を教えてくれるかもしれないし、新しいことを吸収できるかもしれません。相手の意見を受けとめることで、自分がイヤと言った責任を取ればいいのだと思います。本当はいやなくせに『いいですよ』と言って受けることと、いやなことをいやだと言ったために『生意気だ』と言われたりすることと、どっちが自分のためにいいかといえば、間違いなく言ってしまうことだと思います。

大人自身がもっと自分の意見を言うべきではないでしょうか。子供たちの「どうして?」にきちんと向き合って話をしてほしいと思います。今まで「いや」と言うと大人から怒られるだけ、違うと言われるだけで、どうして違うか教えてくれないから意見を言うことを覚えずに来てしまった。「そういうものなの」とか「常識だから」という説明だけではなんの意味もありません。同じ目線で話すことが大事なのだと思います。上から下へものを言わない。上に立っている人が階段を降りていかないと、下の人たちは上がってこられないことが多いんです。多分、高校生の子たちに私が受け入れられたのは、絶対上からものを言わないからだと思います。話すことや行動に私の覚悟を感じてくれたからだと思います。

大人の基本をまだよくわかっていないというのは、何も女子高校生に限ったことではありません。たとえば新入社員に対しても同じことが言えると思います。何も言わないで素直に聞いているから納得しているのかと思うと、いやなのにがまんして、いいふりをしているだけかもしれません。ところが、自分でがまんすると決めたのに、結局どたんばでがまんできずに文句を言うから、混乱して問題なのだと私は思います。

気持ちをオープンにできるような雰囲気って信頼関係をつくるにはやっぱり大切です。仕事だってベースに信頼関係があるとうまく短時間で少ないエネルギーで進められるけど、そこに信頼関係が欠けていると、仕事じゃない部分ですごくロスが多くなります。言葉が足りないのではないでしょうか。みんな、説明が足りないと思います。

ミスコミュニケーションが起きたり、行き違いが起きるようになったら、間違いなく言葉不足だと思っていい。言ったつもり、言われたつもりでそこに確認がないからミスが起きるのです。

先輩で教える立場の人は、「なんで、私がこれをしなければならないのですか」と「イヤ」を言われたときに、相手がきちんと聞いてきたことならば「生意気だ」とか、「忙しいのに面倒ください」と思わずに、なんでイヤなのか、そしてこういう理由で、こういう目的だからやることとなのだということを、自分もきちんと向き合って具体的に説明することが大事だと思います。それは、決して時間のむだではなくて、自分でその内容を再確認するいい機会でもあるからです。自分の言っていることが辻褄が合ってなかったり、その場限りのいいかげんな説明であれば、後輩が食い下がってきたら答えに詰まってしまうと思いませんか。つまり、相手のためではなくて自分に対して必要なことと思えば、すべてはむだではなくなるのです。

後輩に聞かれて自分がわからないときは、正直に「それはわからない」と言えばいいんです。お互いに向き合って話をしていれば解決できることだと私は思います。それに、きちんと説明をされて納得すれば、たとえ失敗したとしても自分で認められるから、次に必ずつながると思います。

本当にわからなくて聞くことだったら、10年仕事をしていたってもちろん聞いてもいいと思います。日夜、質問事項は変化していくはずだし、キャリアが長くなればなるだけ深い内容の仕事をするようになって、また違う質問が出てくるからです。

新入社員は、何も知らないから却って面白いと私は思います。若いからといって馬鹿にすることはできません。若いから、ものを知らないから、すごいことを思いつくことだってあるんです。逆に知っているから、既成概念に固まってしまって気づかないことだってあると思いませんか。だから、新入社員が真実に触れるような鋭いことを言ったりすると私はすごく感動します。

「その素直さと自己主張をなくさないでね、お願いだから」とも思います。そこでうまく情報交換ができて、総合的にプラスの方向に持って行けたら、すごくいい仕事ができるのではないでしょうか。

長年仕事をしてきた自分に比べて、若い人は何も知らないと思いがちだけれど、実は自分も知らなかったということがいつもあると私は思います。だから、新入社員の季節は、そういう新しい発見の季節でもあって、私はすごく好きなんです。

仕切ることができる人と仕切られるのが楽な人

適材適所という言葉がありますが、突き詰めると仕事上では、人の命令に従える人と従えない人のふたつのタイプに分かれると思います。言い換えると、現場を仕切ることができる人と仕切られるほうが楽な人。前者は、自分の創造力でクリエイティブな仕事をしたいと思っている人で、後者は人が創造したものを実務として合理的にきちんとフォローできる人だと思います。会社というのは、この両者ともすごく必要なんです。比率でいうと、創造力を持った人が2割、フォローする人は8割でしょうか。このバランスがうまく取れると仕事も会社もすごくうまくいくと思います。

現場を仕切ることができる人というのは想像力のある人なんです。時々刻々どうするか決めて場を仕切るというのは、想像力がないとできないものだと私は思います。一方仕切られる人は、合理的に実務をこなすことができる人。これはタイプの違いなだけで、仕切る人と仕切られる人に上下の差は本来ありません。種類が違うものに優劣をつけることはできませんよね。バラとユリとどちらが美しいか決めることができないのと同じことです。

企画や宣伝のように創造力でつくる仕事には、仕切り型の人が適材だと思います。多少、協調性には欠ける性格でも、そのほうが最適だと私は思っています。みんなと同じでもいいという協調性と平均値を求めていては、新しいアイディアが出てこない種類の仕事だと思うからです。逆に営業職は、基本的にお客さまに合わせなければならないから協調性のある性格のほうが向いているし、実務的な職種も協調性があるほうが仕事は円滑に進むと思います。

自分がどちらのタイプなのかを知っていることってすごく大事なんです。仕事の現場でキレる人、たとえば感情的になって上司や周りにくってかかる人っていますよね。そういう人は、本来、創造力で仕事をするタイプなのに実務を積み上げるフォローの仕事を続けている場合、パニックになってキレるのだと思います。自分の創造力が邪魔されていることに対する嫌悪感、それが抑えきれない憤りになってしまう。同様に、命令に従うほうが楽だと思っている人が、無理やりクリエイティブなことをしようとしたり、責任のあることをすることは苦痛につながると思います。また、そういった実務に長《た》けている人は協調性があるから、キレるとしても仕事の現場でキレることは少ないように思います。会社から一歩外に出て同僚や友人と会っているときや、家に帰ってからキレているのかもしれません。いずれにしても、自分を活かせない仕事というのは、ストレスになるし能率が悪いわけですから、自分に向いている仕事を知っておくことがすごく大事なのです。

それと、会社などの規模が自分と合っている、合っていないということもあります。大きな組織で才能が発揮される人と少人数の組織のほうが活きる人というのがやはりあるものです。就職するときに、会社というブランドだけで選ぶと自分の適性に合った仕事は得にくくなるし、希望する職種にもまた同じことがいえると思います。

こういった自分のタイプを知ったなら、それを上司にわかってもらうことも必要です。優秀な上司というのは、部下の向いていることを見つけられる人だと思いますが、自分を伸ばしてもらえるかどうか、そのために大事なことは、きちんと自分の意見を言える信頼関係を築くことです。特に、想像力の豊かな上司には、イエスマンにならずに意見を言うことが効果的だと私は思います。その意見を面白がってくれる上司であれば、間違いはありません。

うまくいかない人のほとんどは適性がないわけではありません。絶対に持って生まれた何かがあるんです。なのにうまくいかない第一の原因はその適性に気づいていないこと。第二に気づいたんだけどそれを人にうまくプレゼンテーションできないことだと思います。プレゼンテーションの仕方を間違ったために、ものすごく回り道をしている人なんです。職種によっては、「私は協調性があって、みんなとうまくやっていける」というのは必ずしもセールスポイントにはなりません。「私は個性が強いほうだと思うので多少協調性には欠けると思いますが、いいものをつくれます。だから企画職をやりたいです」と言われれば、この人は自分がわかっていると私なら思うから、プレゼンは成功です。でも、極力平均値で採ろうとするときの人事の判断ではうまくいかないでしょう。情報を的確に判断していかに相手に伝えるか。これが運をつかむコツだと思います。

最近は、仕切られてもいいから楽をしたいという人が増えている気がします。特に若い人を見ていると、できるだけ責任を持たずに楽をしたいと思っているように感じます。会社に所属せずにフリーターという道を選ぶ人が多いのもその表れかもしれません。面倒なことやつらいこと、がまんすることはいやで楽をしたい、楽に働きたい気持ちが強いのでしょうか。だけど、仕切る人も仕切られる人も、積み上げてきた成果が評価につながっていくのは同じです。仕事というのは、あまり出たり入ったりしないほうがいいと私は思います。経験として転々とするのはわからなくはないけれど、無意味に仕事や職場が代わるのは時間のむだだと思います。

誤解してはいけないのは、「楽して好きなことをやりたい」というのと「クリエイティブな仕事」というのは、別の問題だということです。クリエイティブに物事を創造するというのはとても豊かな感受性が必要で、しかも好きなことだけでは進められない部分、積み上げていかなければならない部分があるものなんです。クリエイティブな仕事ができる人ほど、楽をしようとは思わないもの。そこを見極めてこそ、自分の適性がわかるのかもしれません。

意地を張らずに早く次へ進む

アカデミー賞を数多く受賞した映画『タイタニック』はご覧になりましたか。私は、日本からニューヨークに着いたその日、時差も手伝ってそのまま深夜上映を見に行ってしまいました。3時間という長さがまったく苦にならない。まるで10分の出来事のようで、あれだけ真面目につくられると、もう恐れ入ってしまいます。巨額な製作費を使っていても、どれも必然性があり、めちゃくちゃ完成度が高い。監督をはじめスタッフがヒットさせることよりも「つくりたい」一心でつくっているから感動できるのだと思います。何があっても、「生きたい」という気持ちをどれだけ強く持ち続けられるか——生命力の基本を改めて考えさせられました。

それにケイト・ウィンスレット演じるヒロインがなよなよしていないところがいい。決して「薄幸の美人」ではなく、強くたくましいところがいいと思ったのです。女は、このくらい強くたくましくあるべきだし、だれかにすがって生きる必要も私はないと思います。「かわいげがない」と言われればそうかもしれませんが、かわいげって別にだれかにすがることだけで表現することではないと思うのです。自分に対してゆるぎない自信があれば、何を失っても怖くない。不幸の元というのは「これを失っては絶対にダメ」と思い込んでしまうことなんだと思います。

たとえば恋愛がそうです。相手があることなんだから、相手の気持ちが冷めていたり避けていたりするようなら、終わりにすべきだと私は思います。深追いは絶対にしないほうがいいし、ましてや、すがることに意地を張っていたら次のチャンスを逃してしまいます。じっと待っていては時間のムダ。早く次へ進んだほうがいいと思うし、一度終わりにすれば、敗者復活ということもあるかもしれません。

愛しすぎてもいけないし、愛されすぎてもいけないと思います。均等なバランスだからこそ、いい関係でいられるのではないでしょうか。どちらかががまんしたり、一方に合わせているだけでは、必ずどこかで歪みが生じると思います。これは、仕事においてもいえることで、ひたむきに仕事をすることは大事だけれど、自分がなくなるほど仕事や会社に尽くしすぎてもいけないと思います。

私は最近、会社に対して4割しかエネルギーを使っていません。あとの6割は突発事故のときのためにとってあるんです。以前は9割以上、20代のときはそれ以上のパワー全開で仕事をしていましたが、今はそんなに会社に尽くしていません。常に100パーセントの力を出しきって、何か起きたときに対処する力が残されていないというのは経営者として失格だと思うからです。でも決して手を抜いているわけではありません。やることはやっているのですが、ゆとりがあるものだからムキにならずにいられるし、かえって集中できるのです。そして余力で、いつでもバックアップを取れるようにしてあります。瞬発力だって十分持っているつもりです。

ゆとりがあるということはいつでも「降りられる」ということだと思います。交渉事や勝負事で負けるのは、降りられない人なんです。「絶対に降りられない」と思って最後までムキになってしまうから、ポーカーなどと一緒で失敗するんだと思います。ダメな手のときは降りたほうがいい。そして次の新しい手を探したほうがいい。

恋愛だって同じです。いつまでもしがみついていないで、ダメな手だと思ったら、降りたほうがいい。最終的に信じられるのは自分しかいませんから。自分を信じていれば、たとえ好きな人と別れたとしても、「私から去るヤツはたいした男ではない」と自分を励まして次に進めるものなんです。

それから、さみしいときや孤独だと感じたときに最もしてはいけない判断、それは「結婚しよう」と思うことです。人生の大きな間違いは、たいていがさみしいときに決めたことだと私は思います。結婚は、孤独だからするのではなく、惚れているからするのが大前提。ましてや、仕事をやめたいから結婚、というのも絶対にやめたほうがいい。結婚すればごはんを食べさせてもらえて、社会的地位も与えてもらえて、住むところも与えてもらえると、漠然と考えがちですが、社会の機構からいって今は男性の生活力だけではそのすべてを担えない時代になっています。結婚と仕事はまったく関係ないこと。結婚はしてもいいんです。でも、自分が人間としての尊厳を保ちつつきちんと生きていけるという自信――つまり自分の力で食べていける強さとたくましさを持つことのほうが、人生のうえでは数倍価値があると私は思います。

この間、30代前半の男性と話していてびっくりしたのは、ガールフレンドが家に2泊するともううっとうしいと言うんです。「なんで？」と聞いたら、ひとり暮らしに慣れちゃって、ひとりでいろんなことをなんでもしてきたから、他人が家にいるのがいやだと言います。彼女のことは愛しているし大好きだけど2泊までがリミットで、仕事に集中したいときに彼女がうろうろしているのが耐えられない。同年代の男性が3

人いて3人とも同じことを言うからすごい話だと思いませんか。「だから、結婚できないと思う。平安時代みたいな通い婚があればいいのに」と真剣に話すんです。家に来る彼女に、優しいから帰れとは言えない。帰ってほしいんだけど、相手がずるずるいたりすると3泊めには自分がパニックになってしまう。男性に限らず独身時代が長くなると身の回りのことも自分でできるようになって、自分のペースができたときに陥るケースかもしれません。

恋愛は気持ちのいいことで快適なことだけど、それだけじゃなくて他人とかかわるわずらわしさも付いてきます。まして一緒に住むということで、一体感がどんどん高まっていく。互いに相手の感情と行動に傷つくことも出てきます。だれも傷つかないで、だれも傷つけないで生きていくことはできないということを認識しなくてはいけません。傷つくことは、できるだけ少ないほうがいいんです。自分はがまんしたのに相手はがまんしないと思ったとき、がまんさせられたと思ったら自分がつらいだけだと思います。がまんしたのは自分なんです。がまんするのがいやなら、よせばいいだけでしょう。自分がどうしたいのか覚悟を決めれば、意地を張らずに先に進めます。自分の覚悟を見極めること、それも生きるワザかもしれません。

窓の向こうに広がるのは、
眼下のセントラルパークをはさんだアッパーウエストサイドの街並み。
ニューヨークの前田さんの自宅リビングルームにて。

「強運のストーリー」現在進行形

ニューヨークはマンハッタンのアッパーイーストサイドにある前田義子さんのご自宅を訪ねた。生活の拠点をニューヨークに移された当初に比べると、ここ数年は頻繁に東京と行き来するスタイルに変わってきているという。フォクシーのオーナーデザイナーとしての仕事ももちろんだが、ひとり娘のお嬢さんが現在は日本の学校に通っているのが大きな理由だ。

「元々、最初にニューヨークに来た目的は、娘の教育問題でした。日本で娘を学校に入れて、私が仕事と教育を両立して、なおかつストレスを持たないでいられるかと思ったとき、どこにもそんな学校がなかったのです。私にとっていちばん重要なのは快適であること。では、何が快適かというと、なんでも言えることなんです。イヤなことはイヤだと言える、おかしいことはおかしいと言える。私は自分の意見がきちんと言える空間にいつもいたいと思っています。一方的に何かを強いられたり、意見が戦わせられない社会というのは、人間としての尊厳が損なわれていると思うからです。その結果、ニューヨークに来て学校を探すことになって、たまたま最初に出合ったのがメリーマウント・スクールだったのです」

ニューヨークに限らず欧米の各都市へ、20代のころからビジネスで足を運んでいた前田さんが、快適さの選択の結果、ニューヨークに決めた理由はなんだったのだろう。

「パリとかミラノとかロンドンは、私にとってはやっぱり他人の街だったんです。よそものの、しかも日本人の私は〝交ぜていただく〟という感じがすごくしました。でも、アメリカ合衆国は、結局全員よそものなんだから、〝あなたしだいよ〟みたいな感じが肌に合ったんでしょうね。中でもニューヨークは、ものすごく大人の街で、成功した人を惜しみなくほめてくれるし、人との距離感の取り方がうまくて、私にはとても快適だったのです」

そして、前田さんはこの選択が正しかったことを、メリーマウント・スクールの授業参観で確信する。

「いちばん感動したことは、子供たちが最初に受ける授業を参観したときに、すべての人はだれからも疎外されたり、意地悪されたり、人間として軽く見られたりすることがあってはならないという授業だったことです。すべての人は平等に人として尊重されるべきで、みんなが自分のプライドをもって、自分がとても大切な人だと思って生きていく価値がある、という内容でした。日本では、あれしちゃいけない、これしちゃいけないという授業はいっぱいあったような気がするけれども、あなたはとても大切な人ですよ、という授業ってなかった気がするんです。

メリーマウントの先生たちは、子供は未完成だから子供だとおっしゃいます。それを社会がみんなで育てていくということが必要なんです、と。学校は社会の縮図であるべきで、だから、選ばれている人たちだけの集団じゃなくて、社会に起きるすべてのことが学校の中でも起きるべきだという考えですから、経済的に困っている人、体に障害のある人、いろんな国の人が集まって当然で、その中で起こるいろんな事件を解決しながら、子供たちに教えていくことが学校だというわけです。本当に目からウロコが落ちる思いでした」

先生も親ももちろん子供も完璧な人間じゃないことを前提に、一緒に問題をひとつずつ解決していく。そういう教育環境で5年間、前田さんはお嬢さんと共に成長したという。

「人間って必要としていないときに必要でないことを教えてもらっても、それが価値のあることだとわからないものだと思います。だけど、のどが渇いているときに水を飲むとおいしいと思うように、自分が、今、渇いているときに教えてもらえば、どんどんそれがしみこむんです。タイミングってそういうことなんだと思います。そういう巡り合わせに恵まれる人というのは、いろんなものがすごく吸収できるし、タイミングよく入ってくる。だから体験したり、だれかに会ったり、事件に遭ったりとか、いろんなことに遭遇するということは、全部価値があることなんだと私は思っています」

東京でお会いして取材するときも、パワフルな印象の前田さんではあるが、ここニューヨークではより鮮明だ。輪郭がさらにはっきりしているといえばよいのだろうか。静かな力強さが伝わってくる。

「タイミングっていえば簡単だけど、要するに、自分が渇いているとき、というのが絶対あるんです、そのときそのときで。意味もなく夕日を見て涙が出たりするのは、やっぱりそこに癒されたいものを自分がもっているから感じるのだと思います。

美しいものってすごいのは、癒し力が高いんですね。人に媚びてなくて感動だけを伝えたくてつくられたものって、ものすごく癒し力が高いと思います。私は、癒し力の高いものに囲まれていたい気持ちがどんどん強くなってきています。物も人も空間も景色も、匂いも……。ニューヨークはそのレベルがすごく高いのだと思います。ほら、この景色を見て！」

そう言って視線を向けた窓からは、紅《あか》く色づくセントラルパークの木々と貯水池を望み、その向こうにアッパーウエストサイドの建物がシルエットのように悠然と広がる。18階にある前田さんのご自宅はキッチンにいたるまでどの部屋にも窓があり、それぞれに個性を持った景色が楽しめる。が、やはり圧巻はセントラルパークに向かってほぼ一面が窓になっているこのリビングルームだ。

「癒し力が高いのよ、やっぱり。だってこれはポスターでも映像でもない、つくりものじゃないんですから。この景色であるために、きっとすごく努力していると思うんです。美しくありたいとする一心の努力。ここから見て一個も看板がないでしょう？ つけてはいけないエリアと法律で決まっているんです。私は東京からニューヨークに戻って来て、このアパートで、このソファに寝そべるだけで、まず目は癒されてしまうんです」

前田さんの口から「癒し」という言葉が出てくるのはめずらしい。これまで、ご自分の直感を信じ、快適さにこだわり、物事を人生を前向きにハイスピードで決断してきた前田さんでも、癒されたいという気持ちになることがあるのだろうか。

「何かを感じることって、すごく大事だと私は思うんですね。見たり、聞いたりする以上に感じられるかどうか。自分の中で、既成概念を外していかないと、感じとる能力はどんどん低下していってしまうと思うんです。こうあるべき、とか、こうすべき、そういった既成概念という重力を外すために、美しいもの、つまり私にとって癒し力の高いものが必要なんです」

こう聞くと、受動的な印象の強い「癒し」がとてもポジティブなものに思えてくるから不思議だ。

「今、癒しということが流行しているけれども、それはやっぱり癒されたいと思う人が多いからですよね。世の中で自分は不遇だと思う最大の理由というのは、思ったようにいかないことではないでしょうか。なぜ思ったように物事が進まないかというと、何をしたいか、何が好きなのかすら自分でちゃんと摑めていないからだと私は思います。何をすべきかみたいなことは考えつくのだけれど、実はこれは重力というか負荷みたいなものなんですね。重力からはできるだけ遠ざかったほうが気持ちよく暮らせるのに、私はこうすべき、こうすべきと自分にどんどん負荷をかけることによって、重力の強さで不満と不安だらけになってしまうと思います。私はこうすべき、じゃなくて、どうしたいか、が大切なんです。では、どうしたいか、は何で決まるかというと、とてもシンプルに、好きか嫌いか、なんですね。不満の多い人は重力に振り回されすぎていて、身が軽くないんだと思います。あるいは、手に入れたいものが多すぎるのかもしれません」

30歳までには結婚すべきじゃないかとか、現状から抜け出すためにはとりあえず会社を辞めてみるべきじゃないかと、ふと考えてしまうことが実は〝本当の自分の欲求〟から遠ざかってしまっていることに、気がついていない人が多いのではないか、と前田さんは言う。

「自分のしたいことをするためには、自分ひとりの〝個〟でできることをまず考えることです。自分以外の対象を相手にしたいことを考えていたら、いつまでたっても欲求は満たされないものだということを学習しなければいけません。たとえば、ひとりではさみしいから結婚するのでは、相手の気持ちに左右されて成立することですから、自分のさみしさの根本的な解決にはなりません。つまり、自分を満たすのは自分でしかなくて、人ではないのだということなんです」

そんなふうに考えられると、「人にこう思われたい」とか「世の中に評価されたい」といった自分以外の価値観に振り回されることもなく、「これでいいのか」と問うのは常に自分ということになる。そのことも踏まえて、前田さんはひとつの警鐘を鳴らす。

「日本の社会が、今、ちょっと変だなと思うのは、いちばん大事なことを置いてきてしまって、違うものに集中している気がものすごくするんです。大人たちが戦後、経済に集中しすぎた。お金持ちになること、物を手に入れることに集中しすぎたのではないでしょうか。それもひとつの快適ではあるかもしれないけれど、本当の快適ってどこにあるの？　といったら、何かに失敗したり、思うようにいかなかったときに、〝これは自分とは出会いが違ったのね〟と思えるような強い精神力がもてること。それが、今の大人にも子供にもママにもＯＬにも、みんなに足りないのだと私は思います」

外から日本を見ることによって感じること、わかってくることが確実にある。併せて、ニューヨークで必然として磨かれていった、社会に貢献するボランティア精神。それが持ち前のひたむきさに拍車をかけて、前田さんにひとつの夢を紡ぎださせている。

「社会を変えていくとき、いちばん重要なのは、実は母親だと私は思っています。だから、母親がまず変わらなくてはと思います。そのためにはどうするかというと、将来母親となる女の子の教育がものすごく大事になるんです。そのためにあるのですが、今、メリーマウント・スクールはニューヨークとパリとローマ、ロンドンにあるのですが、いずれ東京に小さくてもいいから、メリーマウント・スクール・オブ・トウキョウをつくりたいと思っています。人間が生きていくうえで何より大事なものは、お金でも物でもなくて、人間としての尊厳を自分で守れるということ。自分の意見をきちんと言えて、私はこうです、私はここにいます、ときちんと表現できることなんだということを、女の子の教育を通してわかってほしいと思っているのです。

だから、私は娘が日本に帰ったあとも、メリーマウント・スクールの理事をボランティアでやっています。アメリカの私立学校というのは、政府から援助金をもらっているわけでもないし、完璧に会社経営と一緒なんですね。授業料だけではとうてい経営が成り立たなくて、選ばれた理事の人たちが寄付金を集めなくてはいけないんです。その集めた寄付金を、今度はどうやって運営するかを考えるのも今の私の仕事です」

フォクシーの前田義子としてではなく、前田義子個人としての社会とのかかわり。ニューヨークでの生活は、前田さんの「したいこと」「好きなこと」を増やしていく一方のようだ。マジソン・アヴェニューに'97年にオープンした「NORIKO MAEDA BOUTIQUE」での活動もそうだ。'98、'99年と続けて、セントラルパークの樹木を保護するチャリティ・イベントの主催スポンサーを務めている。これは、アップタウンのソサエティから高い支持を得ていることの証明にほかならない。すでにニューヨークという街に深く根づいているのだ。

では、好きなことしかしていないと公言している前田さんが、何かがんばっているとすれば、それはいったいなんなのだろう。

「多少、がんばっていることがあるとすれば人間関係かしら。だって、私は面倒を見なければならない人が多すぎて（笑い）。社員もそうだし家族もそうだし、それはやっぱり背負っているなというふうに感じることが多いと思います。だから、その逃げ道みたいなものをどこか自分でもっていないと、そんなには背負いきれないというのが正直な気持ちです。どこか気持ちの中で投げ出せる、知ったこっちゃないわ！　みたいなものがあるから、逆に覚悟もできるんでしょうね。親不孝と言われようと、社員から無責任と言われようと、私は私を守る、と思っているんです」

それを言い切れるようになったというのは、やはりニューヨークで暮らすようになってからだと前田さんは言う。

「たしかにニューヨークに来る前のほうが、もっと気にしていることがいっぱいあったかもしれません。この街はものすごく人間のいろいろなものを剝いでいくところがあるから、弱い人には生きにくい街だと思います。タフになりますね、すごく。だから、どうやって生き抜いていくかみたいなワザが、そこら中に転がっている。それを肌で感じ取れるところがやっぱりニューヨークを離れられない大きな理由だと思います」

あとがきに代えて――あなたも強運に生きませんか

私は「生きていることを楽しむ」ために生きています。苦しむつもりは毛頭ありません。だから努力もできるだけしたくないし、いやな思いもしたくない。楽しむために生きていることを実感したいと思っています。「どうすれば楽しいか」ということをいつも考えているんです。

楽しいことといやなことって必ずセットでやってきます。これはどうしようもない事実だと思います。楽しいことばかりいいとこ取りをしようとしても、そうはいかない。いやなことはちゃんと一緒についてくるから、気づかないふりをして楽しいことだけをしようとしても、結局いやなことを目の前につきつけられることになっています。だから、いやなことをいやなこととして逃げたり、やりたくないと避けるより、私はそれをなんとかして楽しもうと味付けを変えるんです。味付けによって、楽しいことをふたつにだってできる。それが強運をつかむことにつながっているのかもしれません。

「強運になる」には何をしてどう考えればいいかをこれまでいろいろとお話ししてきました。「だけど美貌とか才能とか財産とか、持って生まれたもので初めからスタート地点が違うことがあるじゃないか」と思う人もいるかもしれません。そのことについても触れておきたいと思います。

世の中にはいろんな罠が落ちています。普通は罠と思っていないものが、実は罠なんです。お金持ちに生まれるとか、美人に生まれるとか、男にもてる、女にもてるとか、これは全部罠。一見すごくその人にとってお得で運がいいことのように思われるけれど、私に言わせると罠にほかならないのです。人生がうまくいかないとか、なぜか思いどおりにいかない人を見ていくと、罠にはまっていることが本当に多い。すごくもてるとか、すごくお金持ちだとかではないほうが集中力をもってやれたいろんなことがあったのに、それに惑わされたために大成できなかったという人が多いと私には思えるのです。

たとえば、すごくもてる人は恋愛をしたくなりますよね。もてるのだから恋愛が楽しい。あるいは周りが放っておかないから余計な時間をとられます。人間関係を整理できればいいけれど、ついだれにでもいい顔をしてしまえば煩雑になって手間は増えるし、つまらない批難を浴びたり妬みをかうものだと思いませんか。しかも罠だと感じていないからのめり込んでしまう。のめり込んでいる間は何事も大成するゆとりはありません。愛されたり、愛する時間に酔っているうちはいいように思うけれど、その先に待っているものはなんでしょうか。結婚？　あるいは、嫉妬という感情に巻き込まれるか、次の恋愛も含めて夢中になるものが見つかるか、いずれにしても恋愛にのめり込んでも生きる糧は得られないと私は思います。恋愛だけで生活すると愛人になってしまうけれどこれは職業ではないし、そうだとしても一生涯やっていける職業とはいいがたい。また、自分はもてると思っている人は、外見が衰えることにものすごく傷つくのではないかと思います。

外見とか若さだけで勝負する職業というのは、ある種の罠なんです。それを罠だと知ったうえで、年をとっても外見が衰えてもやっていけるものを準備しておけるならいいけれど、居心地がいいまま罠にはまっていると、それは実はクモの糸で次はないんです。同じように、有名になることも罠です。有名になったがための罠もあって、みんながなりたいと思うこととか憧れることとかは全部罠だと思ったほうがいい。自分が集中したいときに誘惑や妬みや羨望に追われて、大事な時間をとられることが少なからずあると覚悟しなければならないからです。

　では、どうすれば罠をうまくすり抜けられるかといったら「お得そうなことはやめること」です。この学校に入るとお得そう、この会社に入るとお得そう、この職業に就くとお得そう、この人と結婚するとお得そう、この儲け話はお得そう……。人からちやほやされたいとか、目立ちたいといった目先の欲にとらわれるとどうなるか。お得そうだと思ったことが、実はそうでもなかったということのほうが多いのではないでしょうか。そのとき、「こんなはずじゃなかった」と後悔したり、「お得じゃないなら辞める」のでは何をしても満足感は得られません。罠にはまらないための基本は常に、お得そうかどうかで判断するのではなくて、自分が本当に心から何にも増して「したい」か「したくない」かだけなんです。もっと簡単にいえば魂が求めるくらい「好き」か「きらい」かということにもっと集中すべきなんです。自分は何をしたいの？　何がうれしいの？　何がいやなの？　何を手に入れたいの？　そこが明快に見えていないから、不安になってお得そうな罠にはまってしまうのです。

　強運に生きるというのは、欲に走ることとは違います。欲だけで生きていくようなことでは人の賞賛は得られません。人の協力が得られないということはチャンスをつかみにくいのです。チャンスは人が持ってきてくれるものだから、どれだけの人に自分が支持されているかというのは強運になることに欠かせないことだと思います。好きなことしかしないとか楽しいことしかしないというのは、だれを傷つけてもよくて、自分のためには人を踏み台にして「私がいいんだからいいじゃない」というのとは違います。さもしい気持ちは最終的には回り回って、必ず自分の身に降りかかってくると私は思います。自分が楽しむためには人がどう思おうと関係ないというのでは幸せになれないと思いませんか。そこをはき違えてはいけない。自分が楽しいといっても相手があることなら配慮が必要です。お互いに楽しんで生きる権利があるんです。そのことで相手が本当に苦しむのだとしたら、自分を調節する必要はあると思います。

それに、後ろ指を差されるような行為やうまいことやっちゃった話というのは、決して楽なことではないと思います。裏にはつらいことが本当は山のように待っているのではないでしょうか。うまくいっていればいいけれど、何かでつまずいたときにそら見たことか、と言われてしまう。そういう状況というのはやっぱり正しくないのだと思います。ただ単に楽をして生きるのではなくて、最短距離の努力を楽しんで世の中の人にちゃんと認めてもらって手に入れること。それが本当の強運に、そして気持ちょく生きることだと私は思います。

生きていくということは「通過していく」ことではないでしょうか。

自分自身にも変化という流れがあるように、人も流れていくものです。会社に入るのも辞めるのも経過、出会いも結婚も経過、子供が生まれることも経過だし、子供が成長して独立することも経過、離婚だって経過なんです。それはすべて流れなんだから、流れを無理に止めようとしてはいけないのだと思います。子供を産んでも、自分のところに止めようとするのではなくて、通過するまで預かっているだけと考えてはどうでしょう。結婚も過程でたまたま出会っただけで、離婚は通過して終わっただけなんだから別にたいしたことではありません。気持ちをそこに溜めていては自分が苦しいだけだと思います。人が去っていくことを悲しんではいけません。通過点と思っているのがいちばん傷つかないと思いますし、経過のひとつでしかないというふうに考えられれば必要以上に落ち込むことはありません。人の気持ちなんだから、こちらが努力して無理やりどうにかできるなんて思わないことです。

溜め込まないというのはすごく大事なことなんです。溜め込もうという執着心が生まれると、精神も体もよどんできます。病気というのは溜めた結果だと私は思います。体のなかに何かを溜めているんです。それが病気という悲鳴で現れている。気持ちも恨みも疲れも溜めてはいけないし、食べたものは排泄して出して通過させなきゃいけません。人も情報も通過させなきゃ、次が入って来られないものです。ひとつが通過するから新しいスペースができる。そのことをラッキーと思えることが、生きていくことの自信につながるのだと思います。だから、私はいつもこう思います。

「去るものは追わず、来るものは選んで」

溜め込まず流れを止めないで、自分が好きと思えるものを受け入れる。これが強運に向かう近道だと思います。そして、結果的に身軽に生きられるということだと私は思うのです。すべてのものは通過でしかないと自分の中で思えたら、最後は「無」なんですよね。「無の境地」に行き着けたら本当に楽だと思ってしまいます。

でも、どうせ通過するんだったら自分がひとつずつ確認して納得して、覚悟を決めて、気持ちよく楽に通過したほうがいい。手に入らないもの、あり得ないことを好きだと思うのは自分がつらくなるだけだと私は思います。親がこうだったらよかったとか、もっと背が高かったらよかったとか、いつまでも若くいたいとか、言えばきりがないじゃないですか。そういう視点で物事を求めている人は幸福感が薄いだけだと思います。現実は受け入れることです。そのうえで仕方ないとあきらめるネガティブな考え方よりも、なんだ、たいしたことないわと思えるほうが強運体質になるのは間違いありません。私自身、仕方ないと思ったことはないし、どんなことも現実を正確に受け止めて、それを受け入れているだけなんです。

私は父が台湾チャイニーズで半分中国人だけど、日本で生まれて育って、子供のときから差別されたりいじめられたという意識はないんです。「前田さんのことだから、されてても気づかなかったんじゃないですか」という人もいるけれど、気づかなかったなら、それはそれでいいじゃない、と思います。気づかないふりをしていたわけではありませんし、もしいじめられていたら、私は絶対に闘っていたと思いますから。聞かれないから言わないだけなのに、ハーフチャイニーズであることを隠しているというふうに思われたこともあって、事実がどんどん歪められて「えっ、何それ」とこちらが驚いたことも昔はありました。私はハーフチャイニーズであることで困ったことや悲しいと思ったことは一度もありません。ハーフチャイニーズということをとても気に入っているんです。

現実を受け入れることは、覚悟を決めることでもあります。覚悟を決めることは、とても気持ちのいいことだと私は思います。だって、すべて「自分が決められる」んですよ。これほど楽なことはないと思いませんか。だれかが自分の思うことと違うことを決定する不安もないし、自分で納得できればなんでも結果オーライじゃないですか。

たとえば、今私の母はアルツハイマーで、父は脳梗塞の病人なんですが、これは一般的に見るとマイナスなことなのかもしれないけれど、私にとっては現実として受け入れられることとなんです。だって人間は必ず年をとるし、病気にもなるし、ぼけもする。すべて自然なことと思えるからです。私にとって、それはもうある意味で覚悟済みの、与えられた状況でベストを尽くすしかないことなんです。ぼけた親と病気の親、ふたりを見られるだけの能力が私にはあるから、だからこうなったんだと思っています。よっしゃ、面倒見ようじゃない、と受け止めようと思っているんです。絶対、自分に解決できないことなんか起きないと信じています。自分に起こることは本当にできることばかりだと私は思うのです。だから、手に入らないものは欲しがらないほうがいい。ないものねだりはしないこと。人の価値観に自分をあてはめてなんでも欲しがると、つらい人生を送らなきゃいけないし、自分のストレスになるだけだと思います。もらったものはありがたく受け入れる。病気の両親から学ぶ新しい発見もあります。人間を知る新鮮な経験だと思っているんです。

私の娘にとっても、今の祖母とできるだけ一緒にいられる、こんなありがたい経験はないと思います。娘にもときどき面倒を見てほしいと思い、私はこう話をしています。

「年を取って老いること、ぼけることはだれにでも起きることで、今、自分のおばあちゃんにも起きたことなの。今までのおばあちゃんと全然違うおばあちゃんになってしまったけれど、おばあちゃんはなりたくてなったわけじゃないし自然にこうなったの。おばあちゃんはかわいそうなんじゃなくて、赤ちゃんに戻っただけなのよ。おばあちゃん子で育ったあなたにとってはとてもショックなことだけど、ママもなるかもしれないし、あなたもなるかもしれない。順番なんだからいい経験なのよ。あなたが小さかったときにおばあちゃんはたくさん面倒を見てくれて、今度はあなたが返す番が来ただけ。お年寄りを思いやる気持ちを大切にして、まず自分ができる範囲でやってほしいの」

現実を受け止めること、逃げずに自分で解決していくこととはどういうことか。このことが娘の未来に、実はものすごく重要だと私は考えています。母は身をもって孫娘にそれを教えてくれているんです。人生は意味のないこと、必要のないことは起きないものだと本当に思います。

私自身も子供のときに、家庭での現実からたくさんのことを学びました。たとえば立ち直りを早くすること。とにかくどこかで立ち直らなければいけないのなら、時間をかけて立ち直るのも早く立ち直るのも結果は同じです。だったら、かければかけるほど時間がむだだと思ったのです。このことに気づいたのは小学生のときでした。

子供のときにいちばんプレッシャーがかかっていたのは親のことだと思います。父がすごく女好きな人で、母とのけんかが絶えなかったときに私もずいぶん巻き込まれました。でも、異母兄弟に対して人は「愛人の子」みたいな言い方をするけれど、私はたまたま本妻の子として生まれただけで、どっちの母親から生まれるかは単なるタイミングだと思った途端、夫婦の問題に参加するのはやめようと思ったのです。それに気づくまではさすがにちょっと悩みましたけれど、たまたま現状はこうなっているだけで、個としての自分は何も変わらない。悩むだけ時間のむだだと思いました。しかも、父をひどいとなじるくらいいやだったら母も別れればいいのにと思った私は、離婚届の用紙を区役所からもらってきて母に渡しました。それでも別れない母に「女ったらしでも、結局パパに惚れているならしょうがない。いやなら別れられるのに別れないならママの責任だし、それを自分で覚悟をもって決めたのなら子供を巻き込んだり、だれかに責任をなすりつけないでほしい。惚れた弱みなんだから」と思ったのです。そういう意味ですごく合理的な子供だったし何事も徹底して考える子供だったんですね。経済的なことも含めて父親としてやるべきことをやっていなかったら子供としてもっと怒ったかもしれないけれど、親としてすることはしてくれたし、向こうにも子供がいる以上は体はひとつしかないんだから、いる時間が半々になってもしょうがない。なんだ、それだけのことだと思って、子供同士としては対等な立場だと私は考えていました。

いろんな事件とかいろんなことが各家庭で起こると思います。だから、自分だけがすごい目に遭っていると思っている人が結構いるけれど、どんなことも普通のこと、たいしたことないわと受け止められることが前提だと私は思います。そのことにどう対処するか、どこまで掘り下げて突き詰めるかということのほうが実はとても大事で、強運になるにはその差が大きく出るのかもしれません。だから私は、うちの親に限ってとも、うちの主人に限って、うちの子供に限ってなんて思いません。家族といっても人がすることなんですから絶対なんてことはありえないし、そんなことにびくびくしているのもいやだと思いませんか。何か起こったときにいやだと思うことだったら、どうするのか自分が決めればいいだけなんです。自分が決めたら覚悟して、自分で責任を取ればいいだけです。たとえ間違えたとしても、「ごめんなさい、これは失敗」と謝って通過して、次に進むだけのことです。人のせいにしたら結局自分がつらいだけだし、いつまでたっても立ち直れないし、本当に時間のむだだと私は思います。

決める覚悟もないし、かといって現状でもいやだと思っているうちは強運になるのはもちろん、前に進むことさえできません。だれかが変えてくれることを期待しても意味のないことです。今が、現状がいやなら自分で変えればいいだけなんです。変える努力を自分でしないのなら、そのことで文句は言わない。そのほうが自分も納得してストレスにならないと思いませんか。すべては自分が決められることなのですから、楽に生きるほうがいいと私は思います。

だれかにいつも見ていてほしい、自分のことを一番に考えてくれることが好きだというのは、わがままだと思います。「好き」と思うことはわがままではありません。でも、「人に何かをしてもらうことが好き」なのはわがままだと思うのです。自分が好きだから何かをしたいというのとは根本が違うのだから、混同してはいけません。「自分以外の対象」を相手に考えると欲求は満たされないものだということを知ることです。

子供として親不孝になるから結婚するべきじゃないかとか、親が悲しむから学校に行くべきじゃないかとか、全部「自分がしたい」じゃなくて「すべき」だからしている人が多いように感じます。結婚をすごくしたいと思うとき、本当に突き詰めていくとなんでしたいのかというのは、「人がどう思うか」とか「したほうがいいと思うから」あるいは「さみしいから」という理由があるとします。でも、だれかと暮らせばさみしくないかというのを突き詰めていくと、相手がいつもずっと自分を見てくれるとは限らないわけですよね。「さみしいから私を見て、一緒にいて」と思って一緒に暮らしていたら、そうならなかったときに、もっとさみしいのではないでしょうか。救われないさみしさだと思います。たとえ夫婦だろうが、自分が産んだ子供であろうが、相手がずっと自分を見ているなんてことはあり得ないと思います。

　私自身、娘は私のものという気持ちは全然ないんです。ちょっとお預かりしている、そんな感じがしているんです。それは夫や社員に対しても同じです。正直言って、昔は「私のもの」という気持ちがありました。だから、何をしているのか気になってしまう。「私の言うとおりに動いて」と思って、完全に私物化していた時期もあったんです。でもニューヨークに来てから、反省しました。ニューヨークと東京、こんなに距離が離れていて見張っているわけにもいかないし、見張っている自分も悲しいと自然に思えるようになったのです。人を自分のものと思うなんて傲慢ですごいことですよね。私だって人にそう思われたくないのだから、人も思われたくない。あたりまえのことなんです。

　人は絶対孤独だと思います。子供を産もうが、夫が親がいようがいまいが、人間はみんな孤独なんです。生きることは孤独との闘いでもあるのではないでしょうか。周りの風景も家族も友達も変わっていくし、自分ですら変わっていくもの。それは前にもお話ししたように、みんな経過でしかありません。自分が変わっていく中で自分との闘いをちゃんとしていれば、人が変わっていくことで起きる問題はたいしたことではありません。どうして、そんなに自信がないのでしょう。自分が人からどう見られているかということに、ものすごく不安を覚えるからではないでしょうか。私はそういう感覚を持っていないから、人が私をどう見ているかとはあまり考えていないんです。その代わり、自分が自分をどう見ているか、今の自分はどうなのかということに対する興味はすごくあります。私は自分のことが好きだから、自分のことだけで手一杯で人にかまっている時間はないと思っています。

今の若い人を見ていると、自分と向き合っている時間が少ないのではないかとすごく感じます。人とばかり向き合って、人がどう思っているかとか人のことを気にしすぎなんです。自分と突き詰めて向き合っていないから、手に入れたいものがわからない。何が欲しいかわからないから、周りが何を手に入れているのか、それはお得なことなのかどうかが気になって気になって仕方がない。自分は幸運をつかみ損ねていないかと不安なんだと思います。だけど手に入れたいものがわからなければ、買い物に一日出かけて何も買わないで帰って来るのと一緒です。迷って時間と労力を使った挙げ句、もし必要ないものを買ってしまえばむだが増えるばかりだと思いませんか。私は見るだけには出かけないし、買うために行くならさっさと買って帰りたいタイプなんです。もっといいものがあるかもしれないと言っていたらきりがありません。目的に合っていればそれでいいと納得できる。なんのために手に入れたいのか、「ために」という目的がちゃんと見えていれば迷わないしむだがないのです。そして、目的が見えているからこそ強運をつかむことができるのだと思います。

なんのために生きているのかがわからないから迷ってしまうのかもしれません。自信にあふれている人とか自分のやっていることに満足している人は見ていて素直だし、すごくシンプルな生き方だと思いませんか。人を脅かそうと話を難しくしたり、事を複雑にしようとするのって、自分の小ささとか弱さを見せまいとしてやっているような気がします。いちばん大事なことは、「自分はなんのためにこの世に生まれてきたか」ということなんだと思います。なんのために生まれてきたかということは「自分が何をしたいか」ということをつかんだかどうかなんです。世の中に自分が何か形を残そうと思ったときに、必ず全員に運をつかむチャンスがあると私は思います。そのときに人に評価されたいという気持ちは捨てて、どれだけ気合を入れて集中力をもって、恥を恥とも思わず突き進むだけの「好き」な気持ちが自分にあるかないか。強運な人には必ずその気合があふれています。気合って、その人の発する生体エネルギーではないでしょうか。生きていく、本気で生きるためのエネルギー。それが「オーラ」と呼ばれるものかもしれません。強運に生きる——それは自分と真摯に向き合っていく結果なのだと思います。

「前田さんは強運オーラが強い」

そう言われることがあります。私にとってこの本は、読み返すたびに「ああ、そうだったんだ」と自分で自分を確認できる、「オーラ」を実感するものです。みなさんに話しているようで、実は自分自身に話していたんだと思います。この本を読んでくださったすべての方に感謝を申し上げます。そして、少しでも「強運オーラ」を受けとってくださることを願っています。最後に、この本は小学館の恩田裕子さんに巡り合っていなければ存在しなかったものです。私の話す言葉を私以上に私の言葉で的確な文章にまとめてくださったことに心から感謝申し上げます。ありがとうございました。

前田義子

前田義子／まえだのりこ

株式会社フォクシー代表取締役会長兼デザイナー。父は中国人、母は日本人のハーフチャイニーズとして生まれ、幼少より洋服やおしゃれに興味をもちながら「自分は何のために生きるのか」と考える哲学少女時代をおくる。武蔵野美術短期大学を卒業後、桑沢デザイン研究所を経て、ひとりでグラフィックデザインオフィスを始める。結婚を機に、24歳で株式会社フォクシーを設立。以来、「快適」を目的にファッションからライフスタイル全般にわたるクリエイティブ活動を展開している。

1993年ニューヨークに生活の拠点を移し、現在はニューヨークと東京を頻繁に行き来するスタイルを実践中。1997年ニューヨークのマジソン・アヴェニューに直営店「NORIKO MAEDA BOUTIQUE」をオープン。セントラルパークの緑を守るチャリティ・イベント「The Noriko Maeda Spring Celebration to benefit the Central Park Conservancy」の主催スポンサーやMARYMOUNT SCHOOLの理事を務めるなど、ますます精力的な毎日をおくっている。

1998年自社ビルによる「フォクシー銀座本店」をオープン。「青山店」「横浜元町店」「梅田店」「心斎橋店」「広島三越店」「名古屋店」「名古屋三越店」に続き新ショップ２店がオープン予定。

記　本書は、前田義子さんの語りを文章にまとめたものです。
『***Oggi***』1997年１月号から1999年12月号まで掲載された
「生きるワザ」を中心に加筆修正しています。

前田義子の強運に生きるワザ

2001年2月20日　初版第1刷発行
2001年4月1日　初版第3刷発行

著者———前田義子

発行者———桶田哲男

発行所———株式会社　小学館
〒101-8001　東京都千代田区一ツ橋2-3-1
電話／編集　03(3230)5570
制作　03(3230)5333
販売　03(3230)5739
振替　00180-1-200

印刷所———大日本印刷株式会社

　ISBN4-09-342361-X